人気タヴェルナが教える

ワインに合う旨い！おつまみ

「タヴェルナ・アイ」オーナー・シェフ
今井 寿 ［著］

旭屋出版

> **ワインをもっと楽しませる、手軽なおつまみ**

　リーズナブルな価格のワインバーやバルが増え、ワインは日常の酒としてすっかり定着した感じがします。ワインを気軽に楽しむ人が増えた今、ワインをより楽しませるための「おつまみ」の充実が、不可欠になっています。

　ワインに合う料理というと、何か凝った内容が必要かと、提供する側も身構えてしまうところですが、手軽なワインに合わせて、簡単調理ですぐに出せるワインのおつまみはたくさんあります。

　そのヒントが、イタリアの食文化の中にあります。元々は家庭料理から発展したイタリア料理には、身近な材料を使って手間をかけずに作る料理、一度に大量に作って取り分ける料理、仕込みを済ませておいて温めればすぐに出せる料理…といったものがたくさんあります。ここでは、そうしたイタリア料理の知恵を活かした料理を、たくさん紹介しました。

　日本では、少量ずついろいろ食べたいというかたが多く、そうした要望に対応できるお店に魅力を感じてくれます。本書を参考に、野菜や魚介、肉などを活かした手軽なワインのおつまみをたくさん揃えて、今以上にワインを楽しませる店になってください。

『タヴェルナ・アイ』オーナー・シェフ今井　寿

人気タヴェルナが教える
ワインに合う旨いおつまみ
[目　次]

6　基本のだし・ソース

7　ワインに合う野菜のおつまみ

8　セミドライトマトとモッツァレラ・チーズの盛り合わせ
9　そら豆とペコリーノ・チーズ
10　ウイキョウのサラダ
11　バーニャカウダ
12　タコとグリンピースのソテー
13　ブロッコリーのソテー
14　オーボリィ茸のソテー
15　アーティチョークのボイル
16　黒オリーブマリネ
17　生なすのマリネ
18　パプリカのマリネ、セミドライトマトのソース
19　長なすのエストラゴン風味のマリネ
20　色々野菜のグリルのマリネ
21　野菜のピクルス
22　白いんげん豆とエビのサラダ
23　カリフラワーとじゃが芋のサラダ
24　根セロリとじゃが芋のサラダ、マヨネーズ風味
25　じゃが芋のオーブン焼き
26　じゃが芋オーブン焼き、生クリーム風味
27　玉ねぎの岩塩焼き
28　茸のオーブン焼き
29　アンディーブのパンチェッタ巻き、オーブン焼き
30　なすのプローヴォラ・チーズと豚ホホ肉のハムのオーブン焼き
31　なすといんげんのタレッジョ、オーブン焼き
32　ウイキョウとパルミジャーノ・チーズのグラタン
33　ホワイトアスパラと卵のココット焼き
34　トマトとツナのアンティパスト
35　パプリカの詰め物、ペコリーノ・チーズとトマト風味
36　ホワイトアスパラのグリル、パルミジャーノ・チーズのフォンデューのソース
37　トレヴィス、ポルチーニのファゴット
38　ポルチーニ茸のオイル漬け
39　ポロねぎ柔らか煮、マスタードソース
40　なすのタルタル、生ハム包み
41　アーティチョーク、ホタテのムース詰め
42　じゃが芋のコロッケ
43　茸のゼッポレ
44　かぼちゃのフリット、オレンジ風味
45　新玉ねぎの唐揚げ、ヨーグルトのソース
46　焼き春巻きのイタリア風
47　野菜とフルーツのミネストローネ、ピスタチオとイチジク、リコッタ・チーズ和え、カダイフ添え
48　フルーツトマトのスープ

49　ワインに合う魚介のおつまみ

50　ヒコイワシのマリネ
51　カキのオーブン焼き、長ねぎのソース
52　サバのマリネ、野菜のロール巻き
53　生シラスのマリネ
54　自家製オイルサーディン
55　カツオの酢漬け
56　ヤリイカのグリル
57　串に刺したウナギのグリル

58	手長エビのオーブン焼き	77	ズッキーニとタコのバジリコペースト和え
59	生ハム巻きエビのオーブン焼き、ゴルゴンゾーラ・チーズのソース、バルサミコ酢風味	78	メカジキとビーツのサワークリーム和え
60	イワシのオーブン焼き	79	ツブ貝の冷製
61	イワシとじゃが芋の重ね焼き	80	ピリッと辛い墨イカ、ケッパー、オリーブのサラダ
62	シラスのティアーナ	81	タコのボイル
63	ピクルスを詰めたカジキマグロのタルト	82	尾長鯛のボイル、卵のソース
64	マスのオーブン焼き	83	海の幸のサラダ
65	タコのソテー、香草バター風味	84	タラの白子のボイル
66	ホタテのパンチェッタ巻き、パン粉のクロスタ	85	海の幸のカポナータ
67	お米を詰めたヤリイカのソテー	86	タコのトマト煮
68	マテ貝のパンチェッタ巻きソテー	87	墨イカの墨煮、ポレンタ添え
69	海の幸のフリット	88	バッカラの煮込み、玉ねぎのソース
70	マグロのパートブリック巻き	89	マグロのミートボール、金時豆添え
71	桜マスのテリーヌ	90	スッポンのコッパ
72	貝類の蒸し焼き	91	エスカルゴと野菜の煮込み
73	シャコの蒸し焼き	92	白魚のE.X.V.オリーブ油風味
74	毛ガニのヴィネツィア風	93	穴子の燻製、ビンコットソース
75	タイラ貝のタルタル	94	スモークサーモンとピーマン酢漬けのトルティーノ、グリーンソース
76	バッカラのカルパッチョ、ローストしたアーモンド添え	95	カスベの唐揚げ、マヨネーズとバルサミコ酢のソース

97　ワインに合うチーズのおつまみ

98	パルミジャーノ・チーズのバルサミコ酢漬け	105	温かいカプレーゼ
99	ブッラータ・チーズ	106	ポルチーニ茸とタレッジョのファゴッティーノ
100	モッツァレラ・チーズとオレンジのサラダ	107	モッツァレラ・チーズのフライ
101	ゴルゴンゾーラ・チーズとリンゴ、ハチミツとともに	108	4種チーズのフリッコ
102	マスカルポーネの香草風味	109	パルミジャーノのムース
103	タヴェルナ・アイ風タルト	110	焼きリコッタ・チーズ
104	なすとモッツァレラ・チーズのオーブン焼き	111	スカモルツァ・アフミカータ・チーズのステーキ

113　ワインに合う加工肉のおつまみ

114	生ハム盛り合わせ、黒イチジク添え	117	マスカルポーネとサボテンのジャムをのせたパンチェッタ
115	生ハム、サラミのゼリー寄せ		
116	お米を巻いた生ハム	118	パンチェッタ、クスクスと共に

119 モルタデッラ・ソーセージのステーキ
120 自家製ソーセージ
121 生ハムのスフォルマート

123　ワインに合う肉のおつまみ

124 若鶏のオーブン焼き、白ワインビネガー風味
125 若鶏手羽先の香草焼き
126 リコッタ・チーズを詰めたチキンロースト
127 ホロホロ鳥のテリーヌ
128 鴨ムネ肉とリンゴのサラダ
129 そば粉のポレンタにのせた鴨のラグーソース
130 ウサギとグリーンオリーブの軽い煮込み
131 豚バラ肉のサンブーカ風味の煮込み
132 パテ・ア・ラ・カンパニョーラ
133 仔羊モモ肉のオーブン焼き
134 仔牛肉のパテ、ズッキーニ詰め
135 仔牛のトンナートソース
136 カラブリア風ロールキャベツ、ビネガーソース
137 牛タン柔らか煮、オリーブペースト添え
138 豚足のトマト煮込み
139 チッチョリ(豚の脂の唐揚げ)
140 仔牛レバーのヴェネツィア風
141 コッ・パロマーナ
142 トリッパのオレンジ風味のサラダ
143 豚耳のタイムと松の実和え、白ワインビネガー風味

145　ワインに合うパンのおつまみ

146 じゃが芋をのせたフォカッチャ
147 揚げパン
148 タコのトマト煮のクロスティーニ
149 干し柿とゴルゴンゾーラ・チーズの揚げクロスティーニ
150 モッツァレラ・チーズのクロスティーニ
151 モルタデッラ・ソーセージのクロスティーニ
152 ベーコンのクロスティーニ、バルサミコ酢と共に
153 タラとじゃが芋のクロスティーニ
154 トマトのクロスティーニ
155 パニーニ
156 トラメジーノ
157 エスカルゴと白いんげん豆のフレセッラ
158 鶏の低温調理ハムのクロスティーニ

96 ワインに合う味をつくるコツ　1にんにくの扱い方
112 ワインに合う味をつくるコツ　2チーズは調味料にも
122 ワインに合う味をつくるコツ　3加工肉でイタリアテイストを
144 ワインに合う味をつくるコツ　4ハーブ・スパイスで本格派の味わいに

160 奥付・著者紹介

※E.X.V.オリーブ油は、エクストラ・ヴァージン・オリーブ油の略です。
※好みの量を取り分けて出す料理が多いので、材料は人数分を表記しません。作りやすい分量にしています。
※盛りつけに際しては、青みは基本的にイタリアンパセリ、ミントの葉、ローズマリーなどを使っていますが、こちらも表記しませんでした。好みや彩りで自由に行ってください。
※本書は2008年刊の『ワインのおつまみ・料理150』に加筆・修正の上、再編集したものです。

基本のだし・ソース

本書のレシピで用いただし、ソースです。参考にしてください。

ブロード・ディ・ポッロ

【材料】でき上がり8ℓ
鶏ガラ——5kg
玉ねぎ——3個
人参——2本
にんにく——1株
セロリ——2本
ローリエ——2枚
白ワイン——360cc
岩塩——少々
水——適量

【作り方】
1. 鶏ガラは、血合い、内臓を取り、一度茹でこぼしてから流水で20分ほどさらす。
2. 玉ねぎと人参は、頭の部分に十字に包丁目を入れる。にんにくは薄皮をむかず、横半分にする。
3. 1、2と残りの材料を大き目の寸胴鍋に入れて火にかける。最初は強火で、沸騰したらアクを丁寧に取り除く。軽く沸騰する程度に火力を調整し、約3時間煮込んでから漉す。

トマトソース

【材料】
サンマルツァーノ種のトマトホール缶（1号缶）——4缶
玉ねぎ（みじん切り）——400g
ローリエ——1枚
にんにく（みじん切り）——大さじ1
E.X.V.オリーブ油——適量
バジリコの葉——4枚（バジリコの茎をたばねたものでもよい）
粗塩・塩——各適量

【作り方】
1. トマトは、手でつぶしておく。
2. 鍋に玉ねぎを入れ、塩をふり、オリーブ油を注ぎ、ローリエを入れて炒め、玉ねぎがしんなりしたらにんにくを加えてさらに炒め、1を入れる。
3. 粗塩を入れ、沸騰させたら弱火にし、10～15分煮る。バジリコの葉をちぎって入れる。

ブロード・ディ・ペシェ

【材料】でき上がり4ℓ
白身魚のアラ——1kg
玉ねぎ——1個
セロリ——1本
ローリエ2枚
白ワイン——180cc
岩塩——少々
水——適量

【作り方】
1. 魚のアラはぶつ切りにし、20分ほど流水にさらしておく。
2. 玉ねぎは3cm厚さにスライスし、セロリも3cmほどの長さに切っておく。
3. 1、2と残りの材料を大きめの鍋に入れて火にかける。最初は強火で、沸騰したらアクを丁寧に取り除き、軽く沸騰する程度に火力を調整し、約30分煮込んでから漉す。

ベシャメルソース

【材料】
薄力粉——100g
無塩バター——100g
牛乳——800cc
ブロード・ディ・ポッロ（49ページ参照）——300cc
玉ねぎ——1/4個
塩・胡椒——各適量
ローリエ——1枚

【作り方】
1. 牛乳とブロードは、合わせて温めておく。
2. 鍋にバターを溶かし、小麦粉を入れてよく混ぜ合わせる。全体がスポンジ状の気泡になったら、1を少しずつ加えながら混ぜ合わせる。
3. 2の鍋に、玉ねぎとローリエを入れて蓋をし、160℃のオーブンで粉けがなくなるまで煮込んだら、玉ねぎとローリエを取り出して、塩・胡椒で味を調える。

スーゴ・ディ・カルネ

【材料】水3ℓに対しての分量
鶏ガラ——150g
牛のゲンコツ——250g
牛スジ——150g
仔牛のスジ——100g
玉ねぎ（乱切り）——1/2個分
にんにく（つぶしたもの）——1片
セロリ（乱切り）——50g
人参（乱切り）——50g
トマトペースト——30g
完熟トマト（ざく切り）——30g
ローリエ——1枚
赤ワイン——約300cc
E.X.V.オリーブ油——適量
小麦粉——少々
水——3ℓ

【作り方】
1. 牛ゲンコツと鶏ガラは、200℃のオーブンで焦がさないよう焼く。
2. トマト以外の野菜とにんにくをオリーブ油で炒める。
3. 牛スジと仔牛のスジに小麦粉をまぶしてソテーし、赤ワインを加え、鍋底の焦げ目を木杓子でこそげながら混ぜる。
4. 深鍋に1の鶏ガラとゲンコツ、2の野菜と3を加え、トマト、トマトペースト、水、ローリエを加え、弱火で4～6時間煮込む。アクを取り、シノワで漉す。

マヨネーズソース

【材料】
卵黄——1個分
ディジョンマスタード——15g
ひまわり油——200cc
白ワインビネガー——15cc
塩・胡椒——各少々

【作り方】
1. ボールにマスタードと白ワインビネガーを入れてよく混ぜる
2. 1に卵黄を加えてよく混ぜ、ひまわり油を少しずつ加えながら混ぜ、塩・胡椒で味を調える

ワインに合う野菜のおつまみ

1

身近な野菜、季節の野菜、
イタリア野菜…で作る
おつまみの数々。

セミドライトマトとモッツァレラ・チーズの盛り合わせ

淡泊なチーズは、そのままではワインのおつまみとしては物足りないものですが、組み合わせる食材を工夫することで、手間のかからないワインのおつまみにできます。ここではモッツァレラ・チーズに、塩けのあるセミドライトマトで味を付けました。セミドライトマトは、そのままでもワインと一緒に楽しめる食材です

材料

セミドライトマト──適量
モッツァレラ・チーズ（パール状のもの）──適量

作り方

1　セミドライトマトは、食べやすい大きさにカットする。
2　器に**1**とモッツァレラ・チーズを盛り合わせる。

◎野菜の**おつまみ** 1

そら豆は、日本では塩茹でにしたり焼いて塩で食べたりすることが多いもの。それに対しイタリアでは、各地の春の風物詩として、生のまま塩けのあるペコリーノを合わせて食べられています。もちろん、そら豆とペコリーノとの組み合わせは、ワインにもよく合います。そら豆の代わりに、じゃが芋を使いペコリーノとともに挽いた唐辛子をかけても美味しいものです。

材料
- そら豆（小粒のもの）——適量
- ペコリーノ・ロマーノ——適量
- 塩——適量

作り方
1. 鍋に湯を沸かし、湯の3％の塩を入れ、そら豆を入れて茹でる。火が入ったら、ザルにあげて皮をむく。
2. 1を皿に盛り、ペコリーノをスライスしてかける。

そら豆とペコリーノ・チーズ

ウイキョウのサラダ

ハーブとして用いられているウイキョウの、根の部分をスライスしたサラダです。ウイキョウ独特の香りを活かすために、薄くスライスしてオリーブ油とチーズの塩けで食べます。ウイキョウのフレッシュが入ったときに、試してほしい料理です。

材料
生のウイキョウ──適量
E.X.V.オリーブ油──適量
ペコリーノ・ロマーノ（スライス）──適量

作り方
1 ウイキョウはスライスして皿に盛る
2 オリーブ油をふり、ペコリーノ・ロマーノをかける

◎野菜のおつまみ 1

ピエモンテ地方の代表的な家庭料理として、日本でも人気の料理です。季節の野菜を細長く切って盛れば手でつまんで食べられますので、立ち飲みスタイルにも最適です。ソースは別添えにしても、野菜にかけてもよく、パンに付けても美味しいものです。

材料
黄身人参・紅芯大根・黒大根・ういきょう・チェリートマト・菜の花・アイスプラウト・アンディーブ・クレパラリーフ——各適量
ソース（右参照）——適量

●ソース（6人分）
にんにく——100g
牛乳——適量
E.X.V.オリーブ油——300cc
アンチョビ（フィレ）——60g
オレガノ（乾燥）——少々

1 にんにくは半割りにし、芯を取って鍋に入れ、牛乳をひたひたになるまで注いで火にかける。牛乳が沸騰したら火を止め、にんにくを取り出して水けを拭き取る。

2 鍋にオリーブ油と1のにんにくを入れて弱火にかけ、焦がさないよう柔らかくなるまで煮たら、アンチョビを加えてひと煮立ちさせ、ジューサーに移して回し、オレガノを加えてソースにする。

作り方
1 野菜類はそれぞれ食べやすい大きさに切り、皿に盛る。ソースを別容器に入れて添える。

バーニャカウダ

タコとグリンピースのソテー

豆とタコを一緒にソテーした、シンプル料理です。ここでは塩味ですが、トマト味で軽く煮ても美味しく作れます。ちなみに生のタコを煮る際は、ワインのコルク栓を鍋に入れると、塩でもんでも取れない臭みとぬめりを取ることができます

材料
- タコ足（ボイルしたもの）——1本
- グリンピース（茹でたもの）——200g
- にんにく（みじん切り）——1片分
- アンチョビ（フィレ）——2枚
- タカノツメ——少々
- E.X.V.オリーブ油——適量
- 塩・胡椒——各適量

作り方
1. タコ足は、ぶつ切りにする。
2. 鍋にオリーブ油とにんにくを入れて弱火にかけ、にんにくがきつね色になったらアンチョビとタカノツメを加える。
3. 軽く炒めたら、1とグリンピースを加え、よく炒める。塩・胡椒で味を調える。

◎野菜の**おつまみ** 1

ブロッコリーのソテー

茹でたブロッコリーをさっと炒めた、簡単調理の一品です。質のいいアンチョビを使うことがポイントです。ブロッコリーの茎の部分は、捨てるのはもったいないので、硬い皮を取って火を通し、小角切りにして葉の部分と一緒に炒めると、美味しく食べられます。

材料
- ブロッコリー——1株
- にんにく（みじん切り）——1片分
- アンチョビ（フィレ）——3枚
- E.X.V.オリーブ油——適量
- 塩・胡椒——各適量

作り方

1. ブロッコリーは小房に分け、3％の塩を加えた熱湯で茹でて氷水に取る。
2. フライパンにオリーブ油とにんにくを入れて火にかけ、香りがでたらアンチョビを入れてよく炒め、**1**を加えてさら炒め、塩・胡椒で味を調える

オーボリィ茸の ソテー

茸類は、簡単おつまみに重宝する食材。ここでは北イタリア産の高級茸・オーボリィ茸（タマゴ茸）を使いました。茸の風味を活かすために、合わせる食材は、にんにく、パセリとひまわり油だけ。オリーブ油は使いません。多めに作り置きしておけば、パスタやリゾットの材料としても使えます。

材料

オーボリィ茸――200g
にんにく（みじん切り）――2片分
パセリ（みじん切り）――少々
ひまわり油――適量
塩・胡椒――各適量
レモン――適量

作り方

1　オーボリィ茸は、厚めのスライスにする。
2　フライパンにひまわり油を熱し、1をよく炒め、にんにく、パセリを加えてさらに炒める。塩・胡椒で味を調える。
3　皿に盛り、レモンを添える。

◎野菜の おつまみ 1

アーティチョークは、オイルと塩をつけて食べるピンツモーニオという食べ方が一般的。生が入ればできる一皿です。まだ日本ではなじみの薄い食材ですが、最近では国産品も出回っていますので、手軽な一品として取り入れましょう。

材料

アーティチョーク──4個
にんにく（潰したもの）──2片分
アンチョビ（フィレ）──4枚
E.X.V.オリーブ油──適量
塩──適量

作り方

1　アンティチョークは、周りのガクを外し、茎の部分は皮をむく。穂先の部分を2cmほど落とす。

2　1がかぶるくらいの水に、にんにく、アンチョビとともに入れ、落し蓋をして柔らかくなるまで茹で、皿に盛る。

3　別皿にオリーブ油と塩を入れて添え、ガクを外して付けながら食べ、残った繊維は捨てる。

アーティチョークのボイル

材料

黒オリーブ——500g
オレンジピール（スライス）——60g
オレンジ風味のオリーブ油（またはE.X.V.オリーブ油）——
　180cc
タカノツメ——1本

作り方

1　材料を全て合わせ、密閉容器に入れる。
2　4〜5日マリネしてから食べる。

手軽で人気の高いワインのおつまみです。マリネにするときは、オリーブは塩水漬けのものを使います。そして、必ず種付きのものを使うこと。また、グリーンオリーブより黒オリーブの方がねっとり感があり、美味しく作れます。

黒オリーブマリネ

◎野菜の**おつまみ** 1

生なすのマリネ

なすは、イタリアでは皮ごとこんかがりと焼いて、アンチョビとオイルをつけて食べたりします。そこで日本の水なすを使ってアレンジを加え、オリジナルの酒の肴にしてみました。なすは必ずアクのないものを使ってください。

材料

水なす——4本
白ワインビネガー——25cc
松の実（ローストしたもの）——6g
E.X.V.オリーブ油——20cc
イタリアンパセリ——適量
塩・胡椒——各適量

作り方

1 水なすは皮をむき、棒状にカットし、塩をふって軽くもみ、10分ほど置いておく。

2 1の浮き出た水けを拭いてボールに入れ、塩・胡椒以外の材料を加えてよく合わせ、塩・胡椒で味を調える。

パプリカのマリネ、セミドライトマトのソース

この料理では、肉厚の生のパプリカを使います。今ではイタリアから良質の冷凍野菜が入って来ていますので、それらを使ってもワインに合う本場の味が手軽に出せます。酸味に合わせて、セミドライトマトの甘塩っぱいソースを合わせます。

材料

- パプリカ——5個
- セミドライトマト——500g
- 白ワインビネガー——100cc
- レモン汁——50cc
- E.X.V.オリーブ油——適量
- バジリコ——20g

作り方

1. ドレッシングを作る。刻んだセミドライトマト、白ワインビネガー、レモン汁、オリーブ油をジューサーに入れて回す。
2. バジリコソースを作る。バジリコをジューサーに入れ、オリーブ油少しずつ注ぎながら回す。一体化したら取り出す。
3. パプリカは直火にかけて表面を真っ黒に焼き、氷水に放って焦げた薄皮をむき取る。
4. 3は半分にカットして種と筋を取り、水けを拭いて皿に盛る。1と2をかける。

◎野菜の**おつまみ** 1

材料

長なす（大）──2本
塩・胡椒──各適量
にんにく（スライス）──1片分
タカノツメ（輪切り）──少々
アンチョビ（ペースト）──小さじ1
E.X.V.オリーブ油──250cc
エストラゴン・ビネガー──100cc

作り方

1. 長なすは縦半分にカットし、断面に軽く塩をしてからしばらく置いておき、浮いてきた水けを拭き取り、胡椒をしてグリルする。
2. アンチョビ、オリーブ油、ビネガーをボールで混ぜ合わせ、塩・胡椒で味を調える。
3. **1**のなすを容器に入れ、**2**を注いでにんにくとタカノツメをのせ、10分ほど常温に置いてから、冷蔵庫で2〜3時間冷やす。

なすはイタリア全土で親しまれている食材。イタリアの北部には、長なすがあり、マリネやグリルなど、よく料理に用いられます。ここでは長なすをマリネしましたが、長なす以外でも、アクの強くないなすなら何でも作れます。

長なすの エストラゴン風味の マリネ

材料

- パプリカ（黄・赤）——各1個
- ズッキーニ——2本
- 長なす——2本
- マッシュルーム——1パック
- にんにく（すりおろし）——1/2片分
- 白ワインビネガー——30〜40cc
- E.X.V.オリーブ油——50cc
- オレガノ——少々
- イタリアンパセリ（みじん切り）——少々
- 塩・胡椒——各適量

作り方

1. パプリカは、グリルで薄皮が黒くなるまで焼き、熱いうちに薄皮をむき、縦に四等分してから、1cmほどの斜めにカットする。
2. ズッキーニと長なすは、縦に四等分し、塩・胡椒をしてグリルする。それぞれを斜め半分にカットする。
3. マッシュルームは縦半分にカットし、塩・胡椒をしてグリルする。
4. ボールに**1**、**2**、**3**を入れてよく合わせ、にんにく、白ワインビネガー、オリーブ油と塩・胡椒をして味を調え、オレガノとイタリアンパセリを入れてさらに合わせる。10分ほど常温で置いてから冷蔵庫で冷やす。

グリル野菜のマリネは、前菜の一品としてよく作られる料理。一度に作れて手間がかからないので、用意しやすい料理です。ポイントは、色合いを考えて組み合わせること。旬の野菜や地の野菜を組み合わせると、個性が出ます。

色々野菜のグリルのマリネ

野菜のピクルス

野菜のピクルスは、葉もの野菜以外なら何でも作れます。例えばサニーレタスも、葉の部分ではなく芯の捨てる部分を使うことができるので、ロス活用にもなります。残った漬け汁は、オリーブ油を合わせるとドレッシングにできます。

材料

レンコン、パプリカ、黄身人参、紅芯大根、みょうがなど——適量
マリネ液（右参照）——適量

作り方

1. 鍋にマリネ液の材料を入れて火にかけ、沸騰させて火をとめ、粗熱を取る。
2. 野菜類は、3％の塩を加えたお湯で茹で、**1**が熱いうちに合わせる。3～4日で食べ頃になる。

●マリネ液

白ワインビネガー——650cc
水——850cc
生姜（スライス）——50g
にんにく——3片
グラニュー糖——180g
タカノツメ（種を取ったもの）
　——1本
ローリエ——1枚
白粒胡椒——少々
コリアンダー——少々

白いんげん豆とエビのサラダ

豆を使うのは、トスカーナに多い料理。この料理では、白いんげん豆はひよこ豆に代えても合います。レンズ豆や金時豆では甘みが出てしまい、合わないので注意してください。エビは殻付きを茹で、熱いうちに殻をむいて豆と合わせます。

材料

- 白いんげん豆——100g
- にんにく(みじん切り)——1片分
- レモン汁——1/2個分
- パセリ(みじん切り)——少々
- 赤玉ねぎ(厚めのスライス)——40g
- 無頭エビ——10本
- E.X.V.オリーブ油——適量
- 塩・胡椒——各適量
- ローズマリー——1/2枝

作り方

1. 白いんげん豆は、前日にたっぷりの熱湯に漬けて戻しておき、翌日に取り出して水けをよくきり、鍋に入れ、オリーブ油とローズマリーを加えて炒める。
2. エビは背ワタを取り、殻付きのまま3％の塩を入れた熱湯で茹で、熱いうちに殻をむく。
3. **1**の鍋に**2**のエビとにんにく、レモン汁、パセリ、赤玉ねぎ、オリーブ油を合わせ、塩・胡椒で味を調え、そのまま冷ます。冷蔵庫に入れ、2時間ほど寝かせてから提供する。

カリフラワーとじゃが芋のサラダ

アンチョビの塩けとコクで、野菜を楽しむサラダです。彩りとして、赤玉ねぎも加えています。カリフラワーは、ブロッコリーに代えると色味にさらに変化が出せます。もっとシンプルに作りたいときは、アンチョビ入りのマヨネーズで野菜を和えるといいでしょう。

材料

- カリフラワー——1株
- じゃが芋——2個
- グリーンオリーブ(潰したもの)——40g
- 黒オリーブ(潰したもの)——40g
- ケッパー——40g
- 赤玉ねぎ——1個
- にんにく(みじん切り)——5g
- アンチョビ(ペースト)——15g
- 白ワインビネガー——40cc
- E.X.V.オリーブ油——60cc
- イタリアンパセリ(みじん切り)——適量
- 塩・胡椒——各適量

作り方

1. カリフラワーとじゃが芋は、3％の塩を加えたお湯でボイルしておく。
2. 赤玉ねぎは厚めにスライスして水にさらし、水けをよくきっておく。
3. ボールに、残りの材料を入れて合わせ、塩・胡椒で味を調える。
4. 3に、1、2とイタリアンパセリを入れてよく合わせ、10分ほど常温で置いてから、冷蔵庫に入れて半日ほど冷やす。

じゃが芋のサラダのバリエーションとして考えた、イタリアテイストの一品です。根セロリは、別名カブラミツバと呼ばれる、根を食べるためのセロリの仲間です。独特のクセがありますので、マヨネーズの酸味を合わせます。

材料
- 根セロリ——1/4個
- じゃが芋——3個
- 茹で玉子（粗みじん切り）——3個分
- マヨネーズソース——適量
- 塩・胡椒——各適量
- イタリアンパセリ（みじん切り）——適量

作り方
1. 根セロリとじゃが芋は、皮をむいて2cm角にカットし、3%の塩水でボイルして取り出し、冷やす。
2. ボールに1と茹で玉子、マヨネーズ、イタリアンパセリを入れて混ぜ合わせ、塩・胡椒で味を調える。

根セロリとじゃが芋のサラダ、マヨネーズ風味

◎野菜の**おつまみ** 1

じゃが芋と相性がいいローズマリーで風味付けした料理です。スーゴ・ディ・カルネをじゃが芋に吸わせるのがポイントで、見た目以上に濃厚な味を楽しめます。温かい方が美味しいので、作り置きして、電子レンジで温め直して提供するといいでしょう。

材料
じゃが芋——2個
にんにく（みじん切り）——1/2片分
ローズマリー（みじん切り）1/2枚分
スーゴ・ディ・カルネ——60cc
ひまわり油——適量
塩・胡椒——各適量

作り方
1 じゃが芋は皮付きのまま蒸し、熱いうちに皮をむいて1/6カットにする。
2 フライパンにひまわり油を熱し、**1**を入れよく炒め、170℃のオーブンに入れる。
3 焼き上がったら、にんにくとローズマリーを入れて香りを出し、スーゴ・ディ・カルネを注いでよくからめ、塩・胡椒で味を調える。

じゃが芋のオーブン焼き

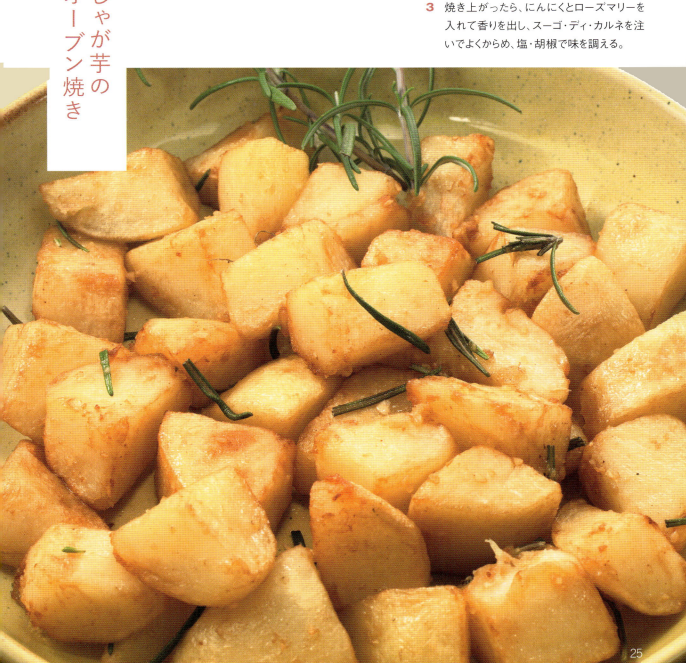

じゃが芋のオーブン焼き、生クリーム風味

耐熱皿1つでできる簡単料理です。前ページの料理と異なり、じゃが芋に生クリームを吸わせるように焼き上げます。焦がさないよう、生クリームが分離しないよう煮詰めすぎないのがポイント。芋なら何でも使えます。さつま芋で作っても面白いと思います。

材料

- メークイン（小）——5個
- パンチェッタ（スライス）——70g
- 生クリーム——250cc
- ブロード・ディ・ポッロ——約500cc
- 玉ねぎ（厚めのスライス）——100g
- ローリエ——5枚
- パルミジャーノ（パウダー）——30g
- ローズマリー——適量

作り方

1. メークインは皮をむき、2〜3ヵ所に庖丁で筋を入れ、そこにパンチェッタとローリエを挟む。
2. 耐熱皿に生クリームとブロードを入れて混ぜ合わせ、玉ねぎを入れ、1をのせ、パルミジャーノをかけて160℃のオーブンで焼き上げる。ローズマリーを飾る。

◎野菜の**おつまみ** 1

玉ねぎを丸ごと使って作るシンプル料理です。玉ねぎは薄皮付きのままで使うと、塩辛くならず玉ねぎの甘さが引き出せます。塩は必ず粗めのもの。ホワイトソースなしでも美味しく食べられます。にんにくでも応用できる料理です。

材料

玉ねぎ——6個
岩塩——適量
ベシャメルソース——適量
パルミジャーノ（パウダー）
　——適量

作り方

1. 耐熱皿に岩塩をしき、玉ねぎを皮つきのまま根の部分を下にしてのせ、玉ねぎの上2/3が隠れるまで岩塩を入れ、200℃のオーブンで焼き上げる。
2. 中まで火が通ったら取り出し、皮をむいて櫛形にカットし、ベシャメルソースをかける。パルミジャーノをふる。

玉ねぎの岩塩焼き

茸のオーブン焼き

茸類にワインなどをふって、オーブン焼きにした簡単料理です。茸は色々なものが使えますが、エリンギやポルチーニなどは火が入りにくいので、カットして使います。茸の下に肉をしいて焼き上げると、リッチな料理に変身します。

材料

- 好みの茸（写真はアガリクス茸、ホウビ茸、柳松茸）——500g
- にんにく（みじん切り）——2片分
- パセリ（みじん切り）——少々
- パルミジャーノ（パウダー）——40g
- パン粉（細かいもの）——少々
- 白ワイン——90cc
- 塩・胡椒——各適量
- E.X.V.オリーブ油——少々

作り方

1. 茸は、石付きを取って食べやすい大きさに切っておく。
2. 耐熱皿にオリーブ油をぬってにんにくを並べ、**1**をのせ、白ワインをふりかけ、塩、胡椒をし、パセリ、パルミジャーノとパン粉をふり、180℃のオーブンで焼き上げる。

○野菜のおつまみ 1

アンディーブのパンチェッタ巻き、オーブン焼き

パンチェッタの塩けで食べる温野菜的な料理で、付け合わせにも使えます。アンディーブは、セロリ、いんげんに代えても美味しく作れます。ブロードを多くすれば、冷たくしても美味しい、和食の翡翠なすのようなイメージの料理にもできます。

材料

アンディーブ——2個
パンチェッタ（スライス）——8枚
胡椒——適量
ブロード・ディ・ポッロ——360cc
E.X.V.オリーブ油——適量

作り方

1 アンディーブは1/4にカットし、パンチェッタを巻く。

2 耐熱皿にオリーブ油を薄くぬり、1をのせて胡椒をふり、ブロードを注いで170℃のオーブンで焼き上げる。焼き上がりにオリーブ油少々をふる。

なすのプローヴォラ・チーズと豚ホホ肉のハムのオーブン焼き

カナッペをイメージして、なすをパン代わりに、プローヴォラとグアンチャーレをのせたオードブルです。色々な食材に火を入れ、なすにのせてオーブンで焼けば、バリエーションが増やせます。米なすなど、硬いなすは不向きです。

材料

- なす──2本
- グアンチャーレ(スライス)──12枚
- プローヴォラ・チーズ(スライス)──200g
- 塩──適量
- ひまわり油──適量

作り方

1. なすは半分にカットし、軽く塩をする。少し置いて水分が浮いたら拭き取り、180℃の油で揚げ、よく油をきる。
2. 耐熱皿に1をしき、グアンチャーレとプローヴォラをのせ、170℃のオーブンで焼き上げる。

◎野菜の**おつまみ** 1

なすといんげんをロール状にして、タレッジョをかけて焼き上げます。なすといんげんを仕込んでおけば、チーズをかけてオーブンに入れるだけですので、提供までは時間はほとんどかかりません。チーズはゴルゴンゾーラに代えると、味わいが変わります。

材料
なす（大ぶりのものを1cm厚さにスライス）——5枚
いんげん（茹でたもの）——20本
タレッジョ——30g×5個
ラディッキオ——1/2束
パルミジャーノ（パウダー）——適量
E.X.V.オリーブ油——適量

作り方
1　なすは塩をして少し置き、水分が浮いたら拭き取り、グリルまたは素揚げにする。
2　1を広げ、いんげんをのせて巻き、楊枝で留める。
3　耐熱皿にオリーブ油をぬり、2とタレッジョを交互に並べる。パルミジャーノをかけ、隙間にラディッキオをのせ、170℃のオーブンで焼き上げる。

なすといんげんの タレッジョ、 オーブン焼き

野菜だけを具材にしたグラタンは、イタリアではよく食べられています。ここではシンプルにスライスしたウイキョウだけでグラタンにしました。ウイキョウがない場合は、セロリでも美味しい一品になります。

材料
- ウイキョウ（スライス）——160g
- ベシャメルソース——360cc
- パルミジャーノ（パウダー）——適量

作り方
1. 耐熱皿にベシャメルソースを流し、パルミジャーノをかけ、その上にウイキョウをのせる。さらにベシャメルソースを流し、パルミジャーノをふる。
2. 180℃のオーブンに入れて焼き上げる。

ウイキョウとパルミジャーノ・チーズのグラタン

◎野菜の**おつまみ** 1

ホワイトアスパラと卵のココット焼き

ホワイトアスパラとベシャメルソースを組み合わせた、ポピュラーな食べ方の料理です。ココットに材料を入れて準備しておけば、焼いてすぐに出せる便利な一品です。卵は必ず半熟状にして出すのが、美味しさのポイントです。

材料

- ホワイトアスパラ──8本
- パンチェッタ（小角切り）──100g
- 生クリーム──360cc
- 卵──8個
- グラナ・パダーノ・チーズ（パウダー）──適量

作り方

1. ココット（直径7cm×高さ3.5cm）は、内側にバター（分量外）を薄くぬっておく。
2. ホワイトアスパラは、下から2/3くらいのところから皮をむく。皮は取っておく。
3. 熱湯に**2**の皮とレモン1/2個（分量外）と塩を入れ、10分ほど煮る。その中に**2**のホワイトアスパラを入れて煮る。スープは漉し、取り出したホワイトアスパラを入れてそのまま冷まして取り出す。
4. 鍋にパンチェッタと生クリームを入れ、弱火で1/3量に煮詰めたら、**3**を斜めにカットして加え、さらに軽く煮込む。
5. **1**のココットに**4**を流し、卵をのせる。グラナ・パダーノをふり、180℃のオーブンで焼き上げる。

トマトとツナのアンティパスト

トマトの詰め物料理は、イタリアでよく見かける総菜。ツナの代わりに挽き肉にしたり、米を詰めたりしてオーブン焼きにしてもいいでしょう。トマトは、味の濃いものを使うのがポイントです。フルーツトマトを使うと味よく仕上がります。

材料

トマトの水煮（缶）——6個
ツナ——50g
マヨネーズ——少々
プロボローネ・チーズ——適量
卵黄——2個分

作り方

1. トマトの水煮缶は真ん中に包丁で切れ目を入れ、100℃のオーブンで約25〜30分加熱する。
2. 切れ目にツナを入れ、少々のマヨネーズをはさみ、粉状にしたプロボローネと裏漉しした卵黄を上からちらす。

パプリカの詰め物、ペコリーノ・チーズとトマト風味

詰め物に加えたペコリーノの塩けと風味で食べる、南の地方に多い料理です。南のオーソドックスな料理らしく、シンプルで調理も簡単です。作りたての熱いうちが美味しいのはもちろんですが、冷めても風味豊かで美味しい料理です。

材料
- パプリカ（黄・赤）──各1個
- 詰め物（右参照）──適量
- パルミジャーノ（パウダー）──適量

作り方
1. 詰め物を作る。ボールにオリーブ、アンチョビ、ケッパーを入れて粗くつぶしたら、残りの材料を入れてよく混ぜ、塩・胡椒で味を調える。
2. パプリカは縦半分に切って種を取り、3%の塩を入れたお湯でボイルする。
3. 2を取り出して中に1を入れ、上にパン粉（分量外）とパルミジャーノをふり、180℃のオーブンで焼き色をつける。仕上げにオリーブ油をかける。

●詰め物
- グリーンオリーブ（種なし）──60g
- アンチョビ（フィレ）──2枚
- ケッパー──20g
- 生パン粉──150g
- トマトソース──250g
- ペコリーノ・サルド（パウダー）──40g
- イタリアンパセリ（みじん切り）──適量
- E.X.V.オリーブ油──適量
- 塩・胡椒──各適量

材料

ホワイトアスパラ──6本
下処理用（水・白ワイン・塩）──各適量
ソース（右参照）──適量

作り方

1　ホワイトアスパラは、硬い部分の皮をむく。鍋に水と白ワインを入れ、3％の塩を加えてむいた皮を入れ、沸騰させて漉す。この煮汁でホワイトアスパラを茹で、グリルする。
2　1を皿に盛り、ソースをかける。

●ソース

卵黄──2個分
パルミジャーノ（パウダー）──40g
ブロード・ディ・ポッロ──60cc
材料をボールでよく合わせて湯煎にかけ、もったりするまでよくかき混ぜる。

ホワイトアスパラは、ヴェネトの春を代表する素材。温めると独特のエグ味が出て、それがまた持ち味でもある素材です。卵黄との相性がいいので、チーズフォンデュ風の濃厚なソースに、卵黄を合わせたものをつけて食べます。

ホワイトアスパラのグリル、パルミジャーノ・チーズのフォンデューのソース

トレヴィス、ポルチーニのファゴット

トレヴィスでポルチーニを包み込んだ、香りを楽しむ料理です。トレヴィス自体の苦みも魅力で、ワインが進む一品です。ソースのエビは、ホタテなどに代えても違った美味しさが出せます。ココットに詰め、トレヴィスを被せると、より簡単にできます。

材料

- ポルチーニ茸——800g
- トレヴィス——600g
- 小エビ——800g
- 生パン粉——100g
- ペコリーノ・ロマーノ（パウダー）——100g
- タイム——6g
- エシャロット（みじん切り）——30g
- 白ワイン——300cc
- ひまわり油——適量
- E.X.V.オリーブ油——120cc
- サフラン——0.5g
- にんにく（みじん切り）——2g
- 塩・胡椒——各適量

作り方

1. ポルチーニ茸は、ハケなどで汚れや泥をきれいに落としたら、ひまわり油を熱したフライパンに入れ、塩・胡椒をしてよく炒め、パン粉、ペコリーノ、タイム、エシャロットを入れて味を調え、さらに炒める。
2. 別のフライパンにひまわり油を熱し、トレヴィスを入れて柔らかくなるまで炒める。
3. **2**は取り出して広げ、**1**をのせて包み、180℃のオーブンで7分焼く。
4. 鍋にひまわり油とにんにくを入れて火にかけ、軽く炒めたら、小エビを入れて炒め、白ワインを注ぐ。エビに火が通ったら取り出し、煮汁にサフランを入れて軽く煮詰め、塩・胡椒で味を調えたら、オリーブ油を少しずつ入れながら混ぜて乳化させる。
5. 皿に**3**と**4**の小エビを盛り付け、**4**の乳化したソースを流す。

ポルチーニ茸のオイル漬け

一つの鍋で茸を煮込むだけの簡単料理です。茸は、エリンギ、椎茸、マッシュルームなど、肉厚なものなら何でも美味しく作れます。煮込む際は、赤ワインでは味が強すぎるので、白ワインを入れるのがポイントです。

材料

- ひまわり油──90cc
- 玉ねぎ（みじん切り）──200g
- ポルチーニ茸──1kg
- 白ワイン──90cc
- E.X.V.オリーブ油──少々
- 塩・胡椒──各適量
- うずらの卵──10個

作り方

1. 鍋にひまわり油を熱し、玉ねぎを入れてしんなりするまで炒めたら、ポルチーニ茸を入れてよく炒め、ワインを注いで蓋をし、茸がよく煮えるまで加熱する。
2. 塩・胡椒をして味を調え、オリーブ油を軽くふって皿に盛る。うずらの卵で目玉焼きを作って添える。

北イタリアでも、日本と同じような太くて白いねぎを食べます。ここではマスタードソースを合わせました。ねぎはくたくたに煮ますので、縛って鍋に入れます。ポロねぎは、長ねぎや下仁田ねぎなどに代えてもいいでしょう。

材料

- ポロねぎ——1本
- ブロード・ディ・ポッロ——適量
- 粒マスタード——大さじ2
- 白ワインビネガー——20cc
- E.X.V.オリーブ油——60cc
- 塩・胡椒——各適量

作り方

1. ポロねぎはタコ糸で縛り、ブロード、水、塩を入れた鍋に入れ、弱火で柔らかくなるまで煮て常温で冷ましておく。
2. ボールに粒マスタードとワインビネガー、オリーブ油を入れてよく合わせ、塩・胡椒で味を調える。
3. **1**をひと口大に切り、皿に盛り付け、**2**をかける。

ポロねぎの柔らか煮、マスタードソース

なすのタルタル、生ハム包み

なすは、イタリアではタルタルにして食べたりもします。なす自体が淡白な素材ですので、生ハムで包んで風味を補います。なすだけを仕込んでおけば、すぐに出せる料理です。細長いなすや、加茂なすなどでも作れます。

材料
- 長なす——2本
- 白ワインビネガー——15cc
- E.X.V.オリーブ油——10cc
- 塩・胡椒——各適量
- イタリアンパセリ(みじん切り)——少々
- 生ハム(スライス)——4枚

作り方
1. 長なすは表面に串などで穴を開け、素揚げをして冷水に取り、皮をむいて水けをきったら、1cm角に切り、ワインビネガー、オリーブ油、イタリアンパセリを入れて混ぜ合わせる。塩・胡椒で味を調える。
2. 生ハムを広げて**1**をのせ、包んで皿に盛り付ける。

◎野菜の**おつまみ** 1

アーティチョーク、ホタテのムース詰め

アーティチョークに詰め物をするのは、よく知られたオーソドックスな料理。魚介だけではなく、挽き肉や他の肉のムースなどを詰めて火を通します。生のアーティチョークは入手が難しいので、葉付きの缶詰を使うといいでしょう。

材料
- アーティチョーク（小）——6個
- 下処理用（塩・レモン——各適量）
- ホタテ——100g
- 生クリーム——20cc
- 卵白——少々
- パン粉——少々
- 塩・胡椒——各適量

作り方
1. アーティチョークは穂先の部分を少し切り落とし、塩・レモンを入れたお湯でボイルする。冷めたら、周りの固い部分を取り除き、中をくり抜く。
2. **1**でくり抜いた部分と、残りの材料のうち塩・胡椒を除いたものをフードプロセッサーで回し、塩・胡椒で味を調え、**1**のアーティチョークに詰めて蒸す。

じゃが芋のコロッケ

ひと口大のコロッケは、イタリアでよく見かける料理。山積みにしておくと見映えもよく、食欲をそそります。パルミジャーノを加えるだけで、イタリアの味になるから不思議です。揚げ衣には卵黄は使わずに、さらっと揚げるのも特徴です。

材料

- じゃが芋（皮つきのまま茹でたもの）——200g
- パルミジャーノ（パウダー）——10g
- ナツメグ——少々
- 塩・胡椒——各適量
- 強力粉——適量
- 卵白——2個分
- パン粉（細かいもの）——適量

作り方

1. じゃが芋は皮をむき、裏漉しにかけ、パルミジャーノ、ナツメグ、塩・胡椒を合わせる。
2. 1は直径2〜3cmに丸め、強力粉をまぶし、ほぐした卵白をからめ、パン粉を付ける。
3. 揚げ油を170℃に熱して2を入れ、きつね色に揚げたら油をきる。

材料

薄力粉——250g
水——225cc
生イースト——13g
塩——7g
セミドライトマト（みじん切り）——30g
ポルチーニ茸（乾燥品）——5g
好みの茸——160g
ひまわり油——適量

作り方

1. ポルチーニ茸は、ぬるま湯に入れて戻す
2. フライパンにひまわり油を熱し、お好みの茸をソテーし、1を入れて軽く炒め、取り出してみじん切りにする。
3. 薄力粉、水、生イースト、塩、セミドライトマト、2をボールで合わせ、約27℃位の場所で30分ほど置いて発酵させる。
4. スプーンを使ってクネルにし、170℃の熱したひまわり油で色よく揚げ、油をよくきって皿に盛る。軽く塩（分量外）をふる。

南イタリアで多い、発酵生地を使った揚げ物のおつまみです。味の濃い素材を入れるのがポイントで、例えば茸類なら乾燥品の椎茸やポルチーニなどを使います。塩味が基本ですが、各種ソースをかけても美味しいものです。

茸のゼッポレ

材料

- かぼちゃ——約1kg
- オレンジの搾り汁——6個分
- オレンジの皮（細いせん切り）——3個分
- レーズン——80g
- グラニュー糖——少々
- 塩・胡椒——各適量

作り方

1. かぼちゃは、皮をむき、種をとって食べやすい大きさに切っておく。レーズンは、ぬるま湯で戻して水けを拭き取っておく。
2. 容器に、オレンジの搾り汁、オレンジの皮、1のレーズン、グラニュー糖、塩・胡椒を入れて合わせる。
3. 1のかぼちゃは、170℃に熱したひまわり油で揚げ、油をきって熱いうちに2に入れてからめ、そのまま冷やす。冷めてから器に盛る。

イタリアの家庭でよく食べられている手料理です。素揚げしたかぼちゃに、レーズンの風味とオレンジ果汁を吸わせてワインに合う味に仕立て、甘さをバルサミコ酢で引き締めます。オレンジは、他の柑橘類を使っても合います。

かぼちゃのフリット、オレンジ風味

◎ 野菜の**おつまみ** 1

新玉ねぎの唐揚げ、ヨーグルトのソース

イタリアには、葉玉ねぎを唐揚げにしたものが付け合わせで添えられたりします。それをヒントに、玉ねぎで応用しました。調理は、薄皮をむいて素揚げにするだけです。油温は170℃くらいで揚げることと、玉ねぎに深めに切れ目を入れることがポイントです。

材料
- 新玉ねぎ——4個
- ヨーグルト——150g
- はちみつ——15g
- 粒マスタード——30g
- 塩・胡椒——各適量
- オリーブ油——適量

作り方
1. 新玉ねぎは薄皮をむき、上から半分ぐらいまで十文字に庖丁を入れ、170℃のオリーブ油で揚げ、油をよくきる。
2. 残りの材料を合わせてソースとし、1にかける。

なすを焼いて皮を取り、アンチョビとオリーブ油で食べる、日本でいう焼きなすに近い料理が、イタリアにもあります。それをよりワインに合うようにアレンジした料理です。なすはアンチョビをのせて春巻きの皮で巻き、揚げずに焼くことで、パリパリ感と香ばしさも楽しめます。トマトとビネガーのソースで食べてください。

材料

- 春巻きの皮——8枚
- なす——4本
- アンチョビ（フィレ）——8枚
- トマトソース——120g
- 白ワインビネガー——40cc
- ガルム——20cc
- E.X.V.オリーブ油——10cc
- オリーブ油——適量

作り方

1. なすはグリルして皮をはぎ、棒状にカットする。
2. 春巻きの皮を広げ、**1**とアンチョビをのせ、細い棒状に巻いて端を水で留める。
3. 鍋に少し多めのオリーブ油を熱し、**2**を入れて転がしながら焼き上げる。
4. トマトソース、ワインビネガー、ガルム、E.X.V.オリーブ油を合わせてソースとし、**3**に添える。

焼き春巻きのイタリア風

◎野菜のおつまみ 1

野菜とフルーツのミネストローネ、ピスタチオとイチジク、リコッタ・チーズ和え、カダイフ添え

フルーツの豊富な南の料理です。色とりどりのフルーツと野菜でミネストローネ風に仕上げた一品で、ワインにも合う上、口直しの一品、ドルチェでも出せます。カダイフは細いパスタのことで、焼いてカリカリ感を出しました。

材料

- カダイフ——50g
- リコッタ・チーズ——200g
- ピスタチオ（刻んだもの）——30g
- 乾燥イチジク（柔らかく戻したもの、小角切り）——3個分
- セロリ（小角切り）——50g
- 人参（小角切り）——70g
- きゅうり（小角切り）——50g
- パイナップル（小角切り）——50g
- イチゴ（小角切り）——60g
- キウイ（小角切り）——30g
- スグリ（小角切り）——50g
- タロッコオレンジジュース——50cc
- 粉糖——30g
- グランマニエ——適量
- レモン汁——小さじ1
- イチジク（熟したもの、1/4カット）——4個
- ミントの葉——4枚
- グラニュー糖——50g

作り方

1. 戻した乾燥イチジク、セロリ、人参、きゅうり、パイナップル、イチゴ、キウイ、スグリは、ボールに入れ、タロッコオレンジジュース、粉糖、グランマニエ、レモン汁を加えて混ぜ合わせ、冷やす。
2. 別ボールにリコッタ・チーズとピスタチオを入れ、細かく切った乾燥イチジクとグラニュー糖を入れてよく混ぜ合わせる。
3. 巣の形にしたアルミを4個用意し、カダイフをのせ、180℃のオーブンに2分間入れ、黄金色に焼けたら取り出す。
4. 深皿に1を入れ、3をのせ、2を入れ、粉糖（分量外）をふり、ミントの葉とイチジクを飾る。

フルーツトマトのスープ

冷たく透明なスープが、甘いトマト味という意外性が面白いオリジナルです。フルーツトマトを贅沢に使わないと作れない一品ですが、ワインの後の口直しに最適ですので、試してみてください。塩をきかせるのがポイントです。

材料
フルーツトマト──2個
塩──適量

作り方
1. フルーツトマトは湯むきして、ジューサーで軽く回す。
2. コーヒー用のペーパーフィルターに入れ、ゆっくりと漉す。
3. 2の漉したものは、塩で味を調える。冷蔵庫で2時間ほど冷やし、冷たいまま器に注いでトマトを飾る。

ワインに合う魚介のおつまみ

2

マリネ、グリル、オーブン焼きほか、手間なく作れる魚介のおつまみ。

ヒコイワシのマリネ

イタリア各地の漁港では、揚がったばかりの小魚がよく売られ、地元では鮮度を活かしてマリにし、楽しまれています。春が旬のヒコイワシは、アンチョビの材料にされる魚。ここでは塩を控えめにして、マリネとしました。イワシ、アジでも美味しく作れます。

材料

ヒコイワシ——500g
塩——適量
白ワインビネガー——90cc
タカノツメ——少々
にんにく(スライス)——1片分
E.X.V.オリーブ油——適量

作り方

1. ヒコイワシは3枚におろし、全体に軽く塩をふる。水分が浮いてきたら氷水で塩を洗い、水けをよく拭く。
2. 鍋にワインビネガー、タカノツメ、にんにくを入れて火にかけ、一度沸騰させてから冷ます。このときに、少量(5gほど)の砂糖を入れてもよい。
3. 1をバットに並べ、2を注いで約半日ほど漬け込む。提供時は汁けをよく拭いて皿に盛り、オリーブ油をかける。

材料

殻付きカキ——20個
長ねぎ（粗みじん切り）——200g
生姜（みじん切り）——15g
にんにく（みじん切り）——20g
タカノツメ（クラッシュしたもの）——1本分
ガルム——30cc
オイスターソース——30cc
E.X.V.オリーブ油——400cc
レモン（輪切り）——適量

作り方

1 長ねぎ、生姜、にんにく、タカノツメ、ガルムとオイスターソースを大きめのボールに入れ、160℃に熱したオリーブ油を注ぎ、そのまま常温で冷ましソースとする。

2 カキを殻付きのまま180℃のオーブンで焼き上げ、上の殻を外し、**1**をかける。レモンを添える。

カキはシンプルにオーブン焼き。そこに、中華の技法を参考にしたソースをかけました。ねぎ、にんにく、生姜、オイスターソースに、ガルムを垂らしてソースを作っておき、そこに熱く熱したE.X.V.オリーブ油をかけるソースです。このソースは何にでも使えますので、作っておくと便利です。

カキのオーブン焼き 長ねぎのソース

魚と野菜を一緒にマリネする手法は、イタリアでは割とポピュラーな手法です。ここではマリネした青魚をのせて巻きました。マリネした魚のうま味が野菜にしみて、美味しく食べられます。青魚は身にある程度の厚みのあるものを使ってください。

材料

サバ─1本(800g)
塩─適量
マリネ液(右参照)──適量
レモン(スライス)──適量
ポロねぎ(縦にカットしたもの)
　──1/2本
人参(1cm角、長さ5cmの拍子木切り)──3本
セロリ(1cm各、5cmの拍子木切り)──3本

作り方

1　サバは三枚におろし、多めの塩をふって常温で10分ほど置いてから、水洗いしてよく水けを拭き取っておく。
2　バットに1を並べ、マリネ液を注ぎ、上面にレモンをのせ、一晩マリネする。
3　翌日、サバを取り出し、皮をはぎ取る。
4　ポロねぎ、人参とセロリは、3%の塩水でボイルする。
5　4のポロねぎを広げ、3をのせ、4の人参とセロリをのせ、ロール状に巻き、カットして皿に盛り付ける。

●マリネ液

玉ねぎ(厚めのスライス)──400g
白ワインビネガー──400cc
白ワイン──200cc
蜂蜜──適量
黒粒胡椒──20粒
ローリエ──1枚
にんにく──1片

材料を鍋に入れ、火にかけて沸騰させたら、火からおろして冷ます。

サバのマリネ、
野菜のロール巻き

生シラスのマリネ

シラスは、その繊細なうま味を活かすために、アーリオ・オーリオをかけて軽いマリネにし、半生の状態で楽しませると、きりっと冷えた白ワインにぴったりの一品になります。シラスは、白魚、ノレソレなどに代えても作れます。

材料
- シラス——200g
- E.X.V.オリーブ油——90cc
- にんにく（みじん切り）——4片分
- アンチョビ（フィレ）——2枚
- タカノツメ（輪切り）——少々

作り方
1. ソースを作る。鍋にオリーブ油の半量とにんにくを入れて火にかけ、にんにくがきつね色になったらアンチョビを加え、軽く炒めて残りのオイルを注ぎ、火からおろして冷ます。
2. 皿にシラスを盛り、1をかけ、タカノツメをちらす。

自家製オイルサーディン

オイルサーディンは、白ワインに合う手軽なおつまみ。缶詰もありますが、イタリアでは各お店でも作っています。美味しく作るポイントは、鮮度の良いものを使うことと、内臓・血合いをよく取ること、そして温度を守ることです。ヒコイワシ、アジでも作れます。

材料

- イワシ──10尾
- にんにく──3片
- タカノツメ──1本
- ローリエ──1枚
- ローズマリー──2枝
- 岩塩──一摘み
- ひまわり油──1500cc

作り方

1. イワシは、ウロコ、内臓とエラを取り、水洗いして水けをよく拭いておく。
2. 鍋に残りの材料を入れ、70℃くらいまで加熱し、その中に**1**を入れ、蓋をして100℃のオーブンで2～3時間くらい、骨が柔らかくなるまで加熱したら、常温で冷ます。

魚介のおつまみ 2

カツオの酢漬け

材料

- カツオ（5枚に卸したもの）——1サク
- 玉ねぎ（スライス）——100g
- 人参（スライス）——60g
- セロリ（スライス）——30g
- タカノツメ——1/4本
- 白ワイン——250cc
- 白ワインビネガー——300cc
- 水——200cc
- 塩——70g
- 砂糖——30g
- 粒白胡椒——5粒
- タイム——2枝
- ローリエ——1枚

作り方

1. カツオ以外の材料を鍋に入れて火にかけ、沸騰したら弱火にして30分間煮込み、鍋の中を漉して液体だけにし、鍋に戻す。
2. 1の鍋の中にカツオを入れ、弱火で20分間加熱したら、火から下ろして常温で冷ます。

カツオ、ブリやサワラなど、鮮度が落ちやすい青魚を保存し、美味しく食べるために生まれた料理です。マリネ液にそのまま漬け置くのがポイントで、時間を置いて酸味が強くなったら、なったなりの美味しさがあり、ワインともよく合います。

ヤリイカのグリル

材料

- ヤリイカ──10杯
- 塩・胡椒──各適量
- レモン汁──少々
- にんにく(みじん切り)──大さじ3
- タカノツメ(輪切り)──1本分
- ひまわり油──100cc
- E.X.V.オリーブ油──適量

作り方

1. ヤリイカは、目を取り除き、塩・胡椒とレモン汁をふってグリルする。内臓までしっかりと加熱する。火が入ったら、軟骨を取り除く。
2. 鍋ににんにく、タカノツメとひまわり油を入れて火にかけ、にんにくがきつね色になったら火から外し、オリーブ油を注いで色をとめる。
3. 皿に**1**を盛り、**2**をかける。

イタリアでは魚介の内臓は使いませんが、この料理では日本式に内臓は残したまま調理しました。内臓をソース代わりにして食べる、ワインとの相性抜群の一品です。イカは鮮度が良いものを使うことが、この料理のポイントです。

◎魚介の**おつまみ** 2

串に刺したウナギのグリル

材料
- ウナギ──3尾
- にんにく(みじん切り)──少々
- タカノツメ(みじん切り)──少々
- 塩・胡椒──各適量
- E.X.V.オリーブ油──適量
- レモン──適量

作り方
1. ウナギは、開いて十文字にカットし、竹串に刺す。
2. 1ににんにくとタカノツメをちらし、塩・胡椒をふってオリーブ油をかける。
3. 2をグリルし、火を通す。皿に盛り付け、レモンを添える。

日本でもお馴染のウナギは、イタリアではエミリア・ロマーニャのコマッキオの名物。テリーヌ、から揚げ、エスカベッシュやグリルにしたりします。塩・胡椒だけで充分に美味しい食材ですので、シンプルに串焼きにしました。

手長エビのオーブン焼き

手長エビは甘みがあり、火を入れても身があまり硬くならないのが特徴。ヴェネツィアでもよく食べられている食材の一つです。オーブン焼きにしましたが、グリルにしても美味しくできます。セミドライトマトで、塩けを補います。

材料

- 手長エビ——2本
- 赤玉ねぎ——少々
- セロリ——少々
- セミドライトマト——少々
- E.X.V.オリーブ油——適量
- イタリアンパセリ——少々
- 塩・胡椒——各適量
- にんにく(みじん切り)——少々
- レモン汁——少々

作り方

1. 赤玉ねぎとセロリは厚めにスライスし、赤玉ねぎのみ軽く水にさらし、よく水けをきっておく。
2. 手長エビは、背から開いて背ワタを取り、塩・胡椒、オリーブ油、にんにく、レモン汁をかけ、170℃のオーブンで焼き上げる。
3. **2**を皿に盛り、**1**とセミドライトマト、イタリアンパセリをふり、オリーブ油をかける。

◎魚介のおつまみ 2

生ハム巻きエビのオーブン焼き、ゴルゴンゾーラ・チーズのソース、バルサミコ酢風味

見た目ほどに手間のかからない簡単料理です。焼いたエビには青かびチーズをかけて味に個性を出し、バルサミコ酢で味を引き締めます。バルサミコ酢の風味が強いので、チーズも個性の強いブルーチーズを使うようにします。

材料
- 有頭エビ──8尾
- プロシュット──8枚
- ゴルゴンゾーラ・ピカンテ──60g
- 生クリーム──40cc
- バルサミコ酢──180cc

作り方
1. バルサミコ酢は鍋に入れて弱火にかけ、とろみが出るまで煮詰める。
2. 別鍋にゴルゴンゾーラと生クリームを入れて弱火にかけ、混ぜて一体化させる。
3. エビは背ワタを取って殻をむき、身の部分にプロシュットを巻いて160℃のオーブンで焼く。
4. 3を皿に盛り、2のソースをかけ、1のソースを少々かける。

材料

- イワシ──10尾
- ウイキョウ──60g
- にんにく(みじん切り)──1片分
- タカノツメ(潰したもの)──1本分
- プチトマト(半分に切ったもの)──15個分
- フェネルシード──少々
- 白ワイン──180cc
- 塩・胡椒──各適量
- パセリ(みじん切り)──少々
- E.X.V.オリーブ油──適量

作り方

1. イワシは頭と内臓を取り、開いて背骨を取る。
2. 耐熱皿に、ウイキョウ、にんにく、タカノツメをしき、オリーブ油をかけ、1の魚を皮目を上にして置く。その上にプチトマト、フェネルシード、パセリをかけ、白ワインを注ぐ。
3. 170℃のオーブンに入れ、魚に火が通ったら取り出す。仕上げにE.X.V.オリーブ油をかける。

イワシのオーブン焼き

イワシがたくさん手に入ったときに試したいのが、このオーブン焼きです。耐熱皿1枚で作れますし、マリネよりも日持ちします。魚はアジ、サンマ、サバなど、青魚なら何でも結構です。ここでは風味を高めるためにウイキョウを使いましたが、玉ねぎを代用しても美味しく作れます。

イワシとじゃが芋の重ね焼き

イワシのだしがじゃが芋に染みた、形も美しい手軽なおつまみです。大きめのグラタン皿を使うと、数人分を一度に仕込んでおけるので重宝します。電子レンジで温め直して食べてもいいのですが、冷めても美味しいので、オーダーの都度切り分け、お好みの温度で出すといいでしょう。

材料

- イワシ（開いたもの）——1kg
- じゃが芋——5個
- パルミジャーノ（パウダー）——適量
- タイム（葉の部分）——適量
- トマトソース——適量
- 薄力粉——適量
- バター——適量
- ひまわり油——適量
- 塩・胡椒——各適量

作り方

1. イワシは塩・胡椒をして薄力粉を付け、余分な粉を払う。ひまわり油を熱したフライパンに入れ、両面をきつね色に焼いておく。
2. じゃが芋は、1cm厚さにスライスしておく。
3. 円形のキャセロールの内側にバターをぬり、2を軽く重ねながら一面にしき詰める。その上に1をしき詰め、パルミジャーノをふりかけ、タイムをちらす。この工程を繰り返し、キャセロールが一杯になったら、最後にじゃが芋を一番上にしき詰め、160℃のオーブンで約1時間焼き上げる。
4. 皿にトマトソースをしき、カットした3を盛ってパルミジャーノをちらす。

シラスのティアーナ

カラブリアのシェフに教わった料理です。シラスは釜揚げのものでも大丈夫です。シラスと、カラブリアの調味料・サルデッラなどを合わせたパン粉を層にして焼き上げます。サルデッラがないときは、アンチョビと唐辛子を練ったものを使ってください。塩けをペコリーノ・ロマーノで補います。

材料

- 生シラス——1kg
- ペコリーノ・ロマーノ（パウダー）——100g
- パン粉——150g
- にんにく（みじん切り）——2片分
- イタリアンパセリ（みじん切り）——10g
- レモンの皮（すりおろし）——1個分
- E.X.V.オリーブ油——200cc
- サルデッラ——8g
- 塩・胡椒——各適量

作り方

1. ペコリーノ、パン粉、にんにく、イタリアンパセリ、レモンの皮、オリーブ油、サルデッラをボールで合わせ、塩、胡椒で味を調える。
2. 浅めの鍋にオリーブ油をぬり、生シラスと1を層にして3回重ね、オリーブ油をかけ、180℃のオーブンで10分焼く。

◎魚介のおつまみ 2

南の地方のレストランで出すことが多い料理で、カジキマグロとピクルスとの相性を活かした一品です。カジキはマリネにはしませんが、ピクルスの酸味で心地好く味わえます。カジキは端身などを叩いて使えるので、ロスの活用にもなります。

材料
- カジキマグロ（フィレ）──300g
- ピクルス（色々な野菜）──100g
- 塩・胡椒──各適量
- E.X.V.オリーブ油──適量

作り方
1. カジキマグロは薄く延ばし、プリン型の内側に貼り付け、中にピクルスを入れ、塩・胡椒をふる。
2. 180℃のオーブンに約5分入れ、取り出してプリンカップから外し、サラマンダーで火を入れる。皿に盛ってオリーブ油をかける。

ピクルスを詰めた
カジキマグロのタルト

マスのオーブン焼き

材料

- マス（切り身）——80g×4切れ
- パン粉——30g
- ケッパー（酢漬け）——10g
- にんにく（みじん切り）——1/2片分
- E.X.V.オリーブ油——適量
- パンチェッタ（スライス）——80g
- 塩・胡椒——各適量

作り方

1. ケッパーは、水にさらして塩けをぬいておく。マスは、皮目に切れ目を入れておく。
2. 1のケッパーは粗みじん切りにしてボールに入れ、パン粉とにんにくを加え、湿るくらいのオリーブ油を注いで混ぜる。味をみて塩・胡椒で味を調える。
3. 2は、1のマスの切れ目に入れ、パンチェッタで巻き、170℃のオーブンで焼き上げる。

マスや鮭などの魚種はパサ付きやすいので、焼くときはオリーブ油をたっぷりと使うのがポイントです。ここではパンチェッタを使いましたが、ベーコンでも代用できます。他の魚で作る時は、白身の魚では味が弱いので、ブリやサバなどの青魚を使って下さい。

◎魚介のおつまみ 2

タコのソテー、香草バター風味

材料
- タコ足（茹でたもの）——2本分
- にんにく（みじん切り）少々
- バター——少々
- ひまわり油——少々
- 白ワイン——少々
- 香草バター（右参照）——適量

●香草バター
- 無塩バター——100g
- イタリアンパセリ——11g
- にんにく——6g
- エシャロット——15g
- アーモンドプードル——7g
- 塩——1g

フードプロセッサーに材料を入れて回し、取り出しておく。

作り方
1. タコは4cm角に切っておく。
2. フライパンににんにく、バター、ひまわり油を入れて火にかけ、にんにくの香りが出たら1を入れて炒める。白ワインを注いで軽く煮詰め、香草バターを溶かし入れる。

イタリアの漁港近くの市場では、新鮮なタコをその場で茹でてくれたりします。茹で上がった熱々のタコは、ぶつ切りにしてレモンとオリーブ油で食べるのが地元風ですが、ここではタコと相性のいいバジリコの風味で楽しませる一品にしました。香草バターはエスカルゴにも使うものです。

ホタテのパンチェッタ巻き、パン粉のクロスタ

ホタテを焼いて、乾煎りしたカリカリのパン粉をふりかけます。香ばしくて、揚げていないのでカロリーが低くヘルシーです。素材は魚介のほか、肉でも野菜でも応用できます。魚介はシンプルにレモンで、肉はトマトソースがよく合います。

材料

- ホタテ貝柱（大）——4個
- パンチェッタ（スライス）——8枚
- パン粉（粗挽き）——適量
- 塩——適量
- ひまわり油——適量
- レモン——適量

作り方

1. フライパンに、パン粉、塩とひまわり油を入れ、弱火にかけてきつね色になるまで炒める。
2. ホタテはパンチェッタで巻き、ひまわり油を熱したフライパンで色よくソテーしてから、オーブンで火を通す。
3. 2は1を全体にまぶし、皿に盛ってレモンを添える。

◎魚介のおつまみ 2

ヤリイカの胴にリゾットを詰めた、イタリア版のイカ飯です。仕込みの段階でリゾットを詰め込むまでの調理を終えておき、提供時に断面を焼いてカリカリ感を出して、焼きリゾットの感覚に仕上げるのが美味しさのポイントです。

材料

- ヤリイカ──3杯
- カルナローリ米──25g
- そら豆(茹でて皮をむいたもの)──15g
- オレンジの皮(みじん切り)──1個分
- レモンの皮(みじん切り)──1個分
- アンチョビ(フィレのみじん切り)──1枚
- サフラン(粉)──少々
- ブロード・ディ・ペシェ──適量
- 塩・胡椒──各適量
- E.X.V.オリーブ油──適量
- 白ワイン──90cc

作り方

1. ヤリイカは、皮をむき、胴とゲソ、エンペラに分け、ゲソとエンペラは5mm角くらいにカットし、塩・胡椒をして軽く炒めて冷ましておく。
2. カルナローリ米は、洗わずに、沸騰したお湯に入れて一度茹でこぼす。
3. 鍋にブロードと、たっぷりのサフランを入れ、**2**を入れて約10分間茹で、ザルにあけ、冷水に入れて冷まし、よく水けをきる。
4. ボールに、**3**と粗みじん切りにしたそら豆、**1**のゲソとエンペラ、オレンジとレモンの皮、アンチョビを入れてよく合わせ、塩・胡椒で味を調える。
5. **1**の胴に、**4**を詰めて楊枝で留め、オリーブ油を熱した鍋でソテーする。そこに白ワインと180ccのブロードを入れ、蓋をして柔らかくなるまで煮る。
6. イカを取り出して1/3にカットし、フライパンで切り口の両面に焼き色を付ける。

お米を詰めた
ヤリイカのソテー

マテ貝のパンチェッタ巻きソテー

材料
- マテ貝——10個
- パンチェッタ（スライス）——10枚
- 白ワイン——90cc
- にんにく（つぶしたもの）——1片分
- E.X.V.オリーブ油——適量

作り方
1. 鍋にオリーブ油とにんにくを入れて弱火にかけ、にんにくがきつね色になったらマテ貝を入れ、白ワインを注いで蓋をし、貝の口を開かせ（火は五分くらい入れる）、取り出して殻から身を外す。
2. パンチェッタを広げて1の身をのせ、巻いて、ソテーまたはオーブンで火を通す。

マテ貝も、イタリアでは馴染み深い素材。茹でてレモンとオリーブ油でシンプルに食べることが多いのですが、ここではその形を活かし、パンチェッタ巻いてソテーすることで、塩けを補いました。揚巻貝や、サザエでも作れます。

◎魚介のおつまみ 2

材料

好みの魚介類——適量
卵白——適量
塩——適量
コーンスターチ——適量
ひまわり油——適量

作り方

1 卵白と塩を合わせ、卵白を切るように合わせる。
2 魚介類に、1、コーンスターチの順で付け、170℃に熱したひまわり油で揚げる。

海の幸のフリット

海の幸を揚げた、天ぷらに近い料理です。衣に、塩を入れた卵白、片栗粉かコーンスターチを付けて揚げるのが特徴です。小麦粉は使わないのが日本の天ぷらと異なる点で、カリッと揚がり、ワインにもぴったりの味になります。

マグロのパートブリック巻き

日本でも馴染み深いマグロ、カジキマグロやカツオは、イタリアの海岸沿いでもよく使われる食材です。写真より細く巻いて作ると、手で持って食べられて、立ち飲みスタイルの店の気軽な一品にできます。パートブリックは、ライスペーパーや春巻きの皮に代えても面白いと思います。

材料
マグロ——160g
スカモルツァ・チーズ——80g
胡椒——適量
パートブリック——2枚
ひまわり油——適量

作り方
1. マグロは棒状にカットし、スカモルツァをスライスして巻き付け、胡椒をふる。
2. パートブリックを広げ、1をのせて巻く。端は水溶き小麦粉（分量外）で留める。
3. 170℃のひまわり油で2を揚げ、油をよくきって盛り付ける。

魚介のおつまみ 2

材料

マス(切り身)——700g
ズッキーニ——3本
板ゼラチン——24g
サフラン(パウダー)——少々
塩・胡椒——各適量

作り方

1. 桜マスはスライスし、3％の塩を溶かした熱湯で茹でて氷水に取り、水けをきっておく。ズッキーニは縦に薄くスライスしておく。
2. 氷水に板ゼラチンを入れてふやかし、水けを拭き取る。
3. テリーヌ型の底に、1のズッキーニを型からはみ出るようにしく。
4. 3の型に、1の桜マスをのせ、サフランパウダーを軽くふり、2をのせ、塩・胡椒をする。これを繰り返し、最後にはみ出た部分のズッキーニを折り畳んで蓋にする。
5. バットにお湯を張り、4の型を入れ、オーブンで湯煎にかけて焼き上げる。中まで火が通ったら取り出し、テリーヌ型に重石をして氷水で冷やす。
6. スライスして盛り付け、周りに付いているゼラチンを切って飾る。

川魚の桜マスだけを使ったシンプルなテリーヌです。イタリア料理の技法ではゼラチンを溶かしてから型に流すのではなく、板状のまま用いることで、溶けていくゼラチンに食材の味を溶かし込み、素材との一体感を出します。

桜マスのテリーヌ

材料

- 白貝——200g
- アサリ——100g
- ハマグリ——200g
- にんにく——2片
- セージ——4枚
- ベルモット酒——90cc
- グリーンオリーブ（粗みじん切り）——10粒分
- レモン——1/2個
- E.X.V.オリーブ油——少々

作り方

1. フライパンに、オリーブ油とつぶしたにんにくを入れて弱火にかける。にんにくがきつね色になったら、取り出してセージを入れる。
2. セージの香りが出たら貝類を入れ、ベルモット酒を注いで蓋をする。
3. 貝類に火が通ったら、皿に盛る。グリーンオリーブをちらし、レモンをのせ、オリーブ油をかける。

貝類の蒸し焼き

シンプルな貝類のワイン蒸しは、イタリア各地の漁港でよく見られ、ワインとよく合います。イタリアでは、殻で身をすくい取って食べたりします。煮汁は砂が混じっている場合がありますので、漉して皿に流します。

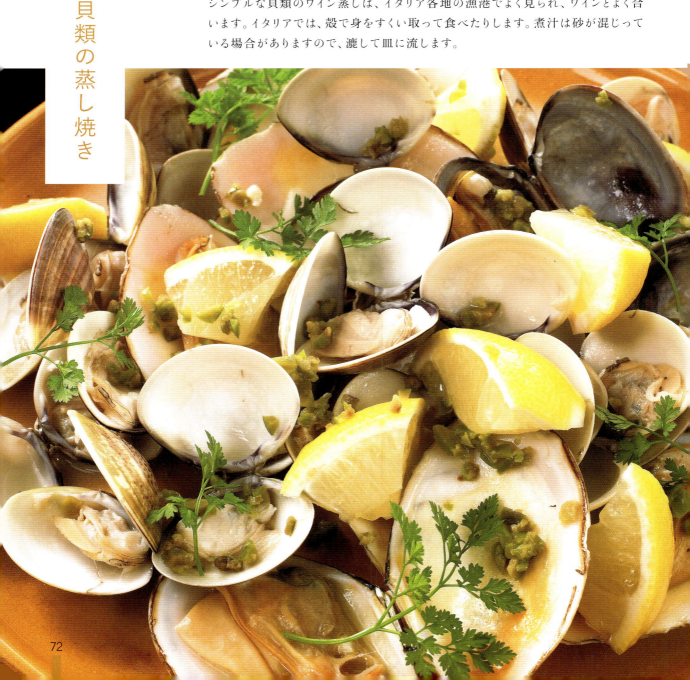

シャコの蒸し焼き

アドリア海沿岸ではシャコはよく獲れる素材ですが、傷みやすいので流通に適さず、今日でも海に囲まれたヴェネツィア独自の素材として知られています。シンプルに蒸し焼きにしたり、パスタの具材にすると甘みが楽しめます。

材料
- シャコ──10本
- パン粉（細挽き）──適量
- 塩・胡椒──各適量

作り方

1. シャコは尾の方から竹串を刺し、塩・胡椒をして蒸す。竹串を抜き、頭を残して胴の部分の殻を外す。
2. パン粉はフライパンに入れ、塩・胡椒をしてきつね色になるまで煎る。
3. 1を皿に盛り、2をふりかける。

毛ガニの
ヴェネツィア風

日本人も大好きなカニ。ヴェネツィアには栗ガニという、毛ガニによく似たカニがあり、地元の名物料理となっています。近年、なかなか獲れなくなってきているため高価で、今やリストランテの料理です。オリーブ油、レモンでシンプルに食べますが、カニ味噌を合わせるお店もあります。また混ぜ合わせるときに、すり鉢を使う人もいます。

材料
- 毛ガニ（茹でたもの）──1杯
- E.X.V.オリーブ油──適量
- レモン汁──少々
- 塩・胡椒──各適量

作り方
1. 毛ガニは、身を取り出してほぐす。甲羅は洗って取っておく。
2. 1の身は、オリーブ油、レモン汁、塩・胡椒と合わせ、甲羅に盛り付ける。

◎魚介のおつまみ 2

タイラ貝のタルタル

材料
- タイラ貝——1個
- セミドライトマト（みじん切り）——10g
- セルフィーユ（みじん切り）——少々
- レモン風味のオリーブ油（またはE.X.V.オリーブ油でもよい）——適量
- 白ワイン——少々
- 塩・胡椒——各適量

作り方
1. タイラ貝は貝柱を外し、横にカットする。殻は盛り付け用に洗って取っておく。
2. 熱湯に、3％の塩と白ワイン少々を加え、1を入れて軽く火を通し、氷水に取る。
3. 2は水けをよくきり、みじん切りにしてセミドライトマト、セルフィーユ、オリーブ油と合わせ、塩・胡椒で味を調えて、タイラ貝の殻に盛る。

ヴェネツィアでは、ホタテによく似たイタヤ貝が獲れ、オリーブ油を合わせて食べられています。そこで、貝をタイラ貝に代えて作ったのがこの料理です。にんにくを添えたり、レモン汁をたらしても美味しく味わえます。

材料

バッカラ——適量
レモン風味のオリーブ油（E.X.V.オリーブ油でもよい）——適量
アーモンド（スライスしローストしたもの）——少々

作り方

1 バッカラは、水を替えながら2〜3日かけて戻す。
2 1の戻したバッカラは、皮と骨を取り、斜めに薄くカットする（1枚のサイズを大きくするため）。
3 2の上にオリーブ油をたっぷりとかけ、約30分ほど置き、アーモンドをちらす。

バッカラのカルパッチョ、ローストしたアーモンド添え

ヴェネツィアで実際に食べた料理です。日本ではタラですが、イタリアではメルルーサを使っているため身が厚く、カルパッチョにもできます。戻したバッカラは、香ばしく炒めたアーモンドで風味をきかせるのがポイントです。

◎魚介のおつまみ 2

ズッキーニとタコのバジリコペースト和え

材料
- タコ足（茹でたもの）──2本分
- ズッキーニ（2cm厚さ輪切り）──2本分
- 松の実──30g
- 白ワインビネガー──適量
- レモン汁──少々
- バジリコペースト（右参照）──70g
- 塩・胡椒──各適量

●バジリコペースト
- バジリコ──100g
- 松の実ロースト──55g
- にんにく──1片
- パルミジャーノのパウダー──65g
- 塩──少々
- E.X.V.オリーブ油──160cc
- ミキサーに材料を入れて回す。

作り方
1. タコは2〜3cm大の乱切りにする。ズッキーニは180℃の油で素揚げしておく。
2. ボールに 1 と松の実、バジリコペーストを入れて合わせ、ワインビネガー、レモン汁、塩・胡椒で味を調える。

タコは、バジリコペーストとも相性のいい食材です。ここでは素揚げしたズッキーニを加え、バジリコペーストとビネガーの酸味を組み合わせ、さっぱりとした一品に仕上げました。バジリコがないときは、大葉を使ってください。

メカジキとビーツのサワークリーム和え

ビーツはロシア料理の食材として知られますが、北イタリアでもよく使う素材です。ここでは茹でてしっとりとさせたメカジキに、ビーツの爽やかさとサワークリームの酸味を加えました。魚はマグロに代えても美味しく作れます。

材料

- メカジキ――500g
- 下茹で用（白ワイン・白ワインビネガー・香味野菜・粒胡椒・ローリエ・タイム・塩――各適量）
- ビーツ（大）――1個
- 白ワインビネガー――適量
- レモン汁――少々
- 塩・胡椒――各適量
- サワークリーム――200g

作り方

1. 鍋に下茹で用の材料を入れて5分ほど沸騰させたら、2cm角にカットしたメカジキを入れる。火が通ったら火から下ろし、そのまま半日ほど浸けておく。
2. ビーツは1cm角に切り、3％の塩水を入れた湯でボイルし、取り出して冷ましておく。
3. ボールに1のメカジキ、2のビーツ、サワークリームを入れ、軽く合わせてからワインビネガー、レモン汁を加えて混ぜ、塩・胡椒で味を調える。

◎魚介のおつまみ 2

材料

- ツブ貝——1kg
- 下茹で用(香味野菜——適量)
- 赤玉ねぎ——50g
- 白ワインビネガー——100cc
- ひまわり油——200cc
- E.X.V.オリーブ油——80cc
- 塩・胡椒——各適量
- ディジョンマスタード——5g

作り方

1. 鍋に香味野菜と水を入れ、ツブ貝を軟らかくなるまで煮込み、そのまま浸けて冷ましておく。
2. ドレッシングを作る。ミキサーに赤玉ねぎ、ワインビネガーとディジョンマスタードを入れて回す。ひまわり油とオリーブ油を少しずつ注ぎながらさらに回し、塩・胡椒で味を調える。
3. 皿に**1**を盛り、**2**をかける。

茹でたツブ貝を、ドレッシングで味わうヴェネツィア料理の一品です。この料理は、実際に現地のバーカロで食べたことがあり、お店ではカウンターに置かれている楊枝で身を取り出して食べています。

ツブ貝の冷製

ピリッと辛い墨イカ、ケッパー、オリーブのサラダ

サラダというよりは、酒の肴的な魚介のサラダです。レモンとオリーブ油のシンプルな味付けの中に、シラスの唐辛子漬けのサルデッラでピリッとした刺激を加えます。墨イカと同様に肉厚のアオリイカを使ってもよく、タコ、エビなどで作っても美味しくできます。

材料

- 墨イカ——2杯
- プチトマト（1/4カット）——8個分
- 黒・グリーンオリーブ（輪切り）——各4個
- ケッパー（酢漬け）——10g
- サルデッラ——5g
- レモン汁——少々
- E.X.V.オリーブ油——適量
- 塩・胡椒——適量
- パセリ（みじん切り）——少々
- セロリの葉——少々
- 白ワイン——適量

作り方

1. 墨イカは皮、内臓を取って水洗いしておく。
2. 鍋に1、塩、セロリの葉、白ワイン、ワインのコルクを入れて柔らかく煮込み、冷ます。
3. 2のイカを短冊にカットし、プチトマト、黒とグリーンオリーブ、ケッパー、サルデッラ、レモン汁、オリーブ油と合わせ、塩・胡椒で味を調え、パセリをふる。

タコのボイル

タコの料理としてはナポリが有名ですが、海に囲まれたヴェネツィアでも食べられています。タコは3％の塩を加えたお湯で、最初から最後まで沸騰させて茹で上げます。火を弱めると、塩っぱくなるので注意しましょう。ミネラル分の多い塩を使うこともポイントです。

材料

イイダコ——1kg
白ワイン——適量
塩——適量
レモン風味のオリーブ油（E.X.V.オリーブ油でもよい）——適量
レモン——適量

作り方

1. イイダコは多めの塩をふってよくもみ、ぬめりを取って水洗いし、3％の塩と、白ワイン、ワインのコルクを入れた熱湯で茹でる。
2. 茹で上がったタコは取り出してカットし、オリーブ油をかけ、レモンを添える。

材料

- 尾長鯛（切り身）——1尾分
- 白ワイン——少々
- グリーンオリーブ——60g
- ケッパー（酢漬けのもの）——10g
- ディジョンマスタード——20g
- 白ワインビネガー——90cc
- 茹で玉子（粗みじん切り）——2個分
- アンチョビ（フィレのみじん切り）——8g

作り方

1. 尾長鯛は、お湯を沸かして白ワインと3％の塩を入れた中で茹で、取り出して皿に盛る。
2. オリーブは種を取り、粗みじん切りにしてケッパーとともに水にさらす。
3. ボールに2とマスタード、白ワインビネガー、茹で玉子、アンチョビを入れて合わせ、1にかける。

秋から春にかけてが旬のこの魚は、浜鯛とも呼ばれます。この料理のポイントは、ミネラル分の多い塩を使い、塩分3％のお湯で茹でることです。イタリアでは魚の皮は食べませんので、皮だけはいで3％の塩水で茹で、氷水にとって刻んだものを卵のソースに添えてもいいでしょう。

尾長鯛のボイル、卵のソース

海の幸のサラダ

海の幸のサラダは、イタリア全土で見られる料理。セロリを香草代わりにのせることが多いのが、イタリア製海の幸のサラダの特徴です。ドレッシングには赤ワインビネガーを使い、強めの味にします。色々なピクルスを入れてもいいでしょう。

材料

- ムール貝──10個
- エビ(背ワタを取ったもの)──4本
- タコ足(茹でたもの)──1本
- 甲イカ──1/2杯
- 赤ワインビネガー──30cc
- E.X.V.オリーブ油──90cc
- イタリアンパセリ──少々
- セロリ(厚めのスライス)──1/2本分
- 人参(茹でて小角切りにしたもの)──30g
- オレンジ(スライス)──適量

作り方

1. 甲イカは、甲羅を取り、内臓を外して皮をむく。
2. 熱湯に3%の塩を入れ、ムール貝、タコ足、エビと**1**を茹でて冷ます。
3. **2**のエビは殻をむき、イカは短冊に、タコはぶつ切りにする。
4. **3**の魚介は、赤ワインビネガー、オリーブ油とイタリアンパセリを加えて軽く混ぜ、冷蔵庫で約1時間置く。
5. **4**をセロリ、人参、オレンジと共に皿に盛る。

タラの白子のボイル

材料

- タラの白子——1kg.
- トマト（ピューレまたは裏漉ししたもの）——160g
- 白ワインビネガー——160cc
- レモン汁——80cc
- ガルム——5cc
- ハチミツ——適量
- 白ワイン——適量
- 塩——適量
- E.X.V.オリーブ油——90cc
- にんにく（みじん切り）——1片分

作り方

1. 熱湯に3％の塩と白ワインを入れ、タラの白子を茹で上げる。
2. ソースを作る。ワインビネガーは軽く煮詰め、トマトピューレ、レモン汁とガルムを合わせる。酸味が強い場合は、ハチミツで味を調整する。
3. 鍋にオリーブ油の半量を入れ、にんにくを入れて弱火にかける。きつね色になったら火から下ろし、残りのオリーブ油を加える。
4. 皿に**2**をしき、**1**をのせ、**3**を少々かける。

冬に美味しくなるタラの白子を使い、白子ポン酢をイメージして作った一品です。白子はシンプルにボイルしたもの。これに酸味をきかせたトマトのソースを合わせます。ちなみにこのソースは、しゃぶしゃぶなどのタレとしても使えます。

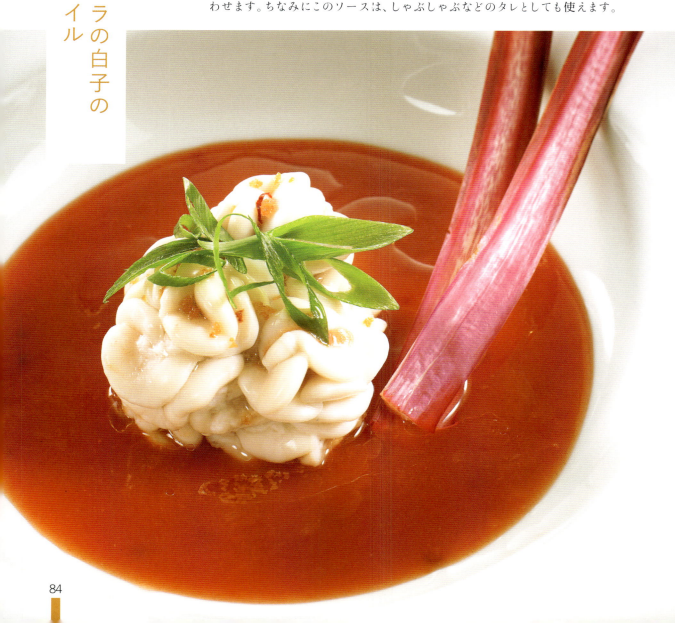

◎魚介のおつまみ 2

海の幸のカポナータ

材料

- 無頭エビ——8本
- タコ足（茹でたもの）——1/2本
- 白身魚——200g
- ウイキョウ（スライス。玉ねぎでもよい）——80g
- なす——1個
- 赤・黄ピーマン（角切り）——各1/4個分
- ズッキーニ——1本
- グリーンオリーブ——10個
- ケッパー（酢漬け）——10g
- にんにく（みじん切り）——少々
- トマトソース——90cc
- 白ワインビネガー——90cc
- ひまわり油——適量
- E.X.V.オリーブ油——適量
- 強力粉——適量
- 塩・胡椒——各適量

作り方

1. なすとズッキーニは、それぞれ角切りにして軽く塩をし、水分が浮いたら拭き取っておく。エビは殻を外して背ワタを取る。タコと白身魚は角切りにしておく。
2. **1**と赤・黄ピーマンは塩・胡椒をして強力粉をふり、170℃のひまわり油で揚げて油をよくきる。
3. 鍋にオリーブ油を入れて火にかけ、ウイキョウとにんにくをよく炒めたら、**2**とオリーブ、ケッパー、トマトソース、白ワインビネガーを加え、弱火で煮込む。塩・胡椒で味を調える。

イタリア版ラタトゥイユのチャンボッタに、魚介のフリットを合わせた、ワインが進む料理です。ビネガーの酸味で、夏場など食欲が落ちるときのおつまみとして勧めやすい一品です。仕上げにバジリコをちぎって入れると、さらに風味が高まります。

タコのトマト煮

ナポリのルチャーナ風がよく知られますが、海沿いの地域で多い料理で、トマトの種類で地域性が出せます。サンマルツァーノを使えば南の料理、ロマーノ種のトマトを使えば北の料理、といった具合です。なおこの料理は、作って二日目の方が味が馴染んで美味しくなります。

材料

- タコ足——5本
- トマト（水煮。潰したもの）——600g
- E.X.V.オリーブ油——180cc
- 白ワイン——180cc
- にんにく（みじん切り）——小さじ1
- 岩塩——少々

作り方

1. タコ足は塩（分量外）でもみ洗いし、流水で塩をよく洗い流しておく。
2. 鍋に1と残りの材料を入れて火にかけ、一度沸騰したら蓋をし、160℃のオーブンに入れて柔らかくなるまで煮込む。

◎魚介のおつまみ 2

材料

- 墨イカ──2.5kg
- アンチョビ──90g
- にんにく(みじん切り)──大さじ2
- 玉ねぎ(みじん切り)──800g
- ひまわり油──適量
- 赤ワイン──700cc
- ブロード・ディ・ペシェ──700cc
- トマトホール(つぶしたもの)──400g
- イカ墨ペースト──適量
- 塩・胡椒──各適量
- 水溶きコーンスターチ──適量
- 海塩──適量
- ポレンタ(140ページ参照)──適量

作り方

1. 墨イカは、皮付きのまま作業する。肝と墨袋を潰さないようゲソを抜き取り、水洗いする。胴は軟骨を抜き取り、縦2cm、横4cm幅にカットする。切り取った肝と墨袋は合わせてすり鉢でペースト状にする。
2. ひまわり油を熱した鍋でアンチョビを炒めたら、にんにくを入れ、香りが出るまで炒め、玉ねぎを加える。
3. フライパンにひまわり油を熱し、**1**の胴とゲソを入れ、塩をして弱火で表面がパリパリするまで焼いて取り出し、**2**の鍋に加える。
4. **3**の残ったフライパンに赤ワインを注いで軽く煮立て、鍋に入れる。
5. **4**の鍋に、ブロードとトマトホールを入れ、**1**のペースト状にした肝とイカ墨を裏漉しして加え、イカが柔らかくなるまで煮込む。塩・胡椒で味を調え、コーンスターチで濃度をつける。
6. **5**を皿に盛り、ポレンタを添える。

イカ墨は、ヴェネツィアを代表する素材。そのイカ墨を使ってイカを煮込んだこの料理も、世界的に知られるヴェネツィアの料理です。ちなみに墨イカは、いわゆる甲イカのこと。この料理には欠かせない素材です。イカ墨は、なるべくフレッシュなものを使ってください。なお付け合せにしたポレンタも、北イタリアの素材として有名です。

墨イカの墨煮、ポレンタ添え

バッカラの煮込み、玉ねぎのソース

材料

- バッカラ──200g
- 玉ねぎ（厚めのスライス）──300g
- セロリ（小角切り）──60g
- 人参（小角切り）──60g
- ブロード・ディ・ペシェ──500cc
- 小麦粉──適量
- 塩・胡椒──各適量
- ひまわり油──適量
- ケッパーの実──10粒
- 黒オリーブ（ハーフカット）──10粒分
- セミドライトマト（小角切り）──20g
- 白ワインビネガー──60cc
- E.X.V.オリーブ油──少々
- じゃが芋（硬めに茹でて角切りにしたもの）──2個分

作り方

1. バッカラは、水に漬けて戻す。毎日水を代えながら4～5日間漬け、塩けをぬいておく。
2. 鍋にひまわり油を熱し、玉ねぎを甘みが出るまで弱火で炒め、セロリと人参を加えてくたくたになるまでさらに炒める。
3. **1**は皮と小骨を取って角切りにし、塩・胡椒をし、小麦粉を付けて170℃のひまわり油で揚げ、油をよくきる。
4. **3**は**2**の鍋に入れ、ブロードとワインビネガーを注ぎ、ケッパー、黒オリーブ、セミドライトマトとじゃが芋を入れ、水分が無くなるくらいまで弱火で煮たら、塩・胡椒で味を調える。皿に盛ってオリーブ油をかける。

バッカラは、元々スペインから来た素材。イタリアではヴェネツィア食材として知られ、じゃが芋と合わせてコロッケにもします。この料理では、玉ねぎをメインにオリーブを加えてヴェネツィアらしさを出しました。

マグロのミートボール、金時豆添え

マグロの残った部分や端身を使って作る、ロス活用の料理です。魚種はカジキマグロでも何でも作れます。ムースにするよりは手間にならず、食感も面白い料理にできます。豆のソースと合わせると、さらにうま味が引き立ちます。

材料

- マグロ（みじん切り）――300g
- 卵白――1個分
- パン粉――15g
- パルミジャーノ（パウダー）――10g
- マジョラム（みじん切り）――1枚分
- 金時豆――150g
- 玉ねぎ（みじん切り）――60g
- セロリ――30g
- 人参――30g
- E.X.V.オリーブ油――適量
- ひまわり油――適量
- 塩・胡椒――各適量

作り方

1. 金時豆は前日にたっぷりの熱湯の中に入れて戻し、一度水けをきり、鍋に入れてたっぷりの水を注ぎ、ローズマリー1／2枝分（分量外）と、少々のオリーブ油を入れ、柔らかくなるまで煮ておく。
2. 別鍋にオリーブ油を入れ、玉ねぎ、セロリ、人参を炒める。野菜がくたくたになったら、**1**の豆と茹で汁を入れてよく煮込む。
3. ボールにマグロ、卵白、パン粉、パルミジャーノとマジョラムを入れてよく練り合わせ、ピンポン玉くらいの大きさに丸めたら、170℃のひまわり油で素揚げする。
4. 表面に揚げ色が付いたら、取り出してよく油をきり、**2**の鍋に入れ、煮込みながら火を通し、塩・胡椒で味を調える。

材料

- スッポン──1尾
- 玉ねぎ──1個
- 人参──1本
- セロリ──1本
- にんにく──2片
- 黒胡椒・白胡椒──各少々
- 板ゼラチン（1枚約2.5g）──10枚
- バジル──2房

作り方

1. スッポンをおろし、流水で1時間ほどさらしたら、鍋に入れてひたひたより少し上まで水を注ぎ、強火にかける。沸騰したら弱火にしてアクをひく。
2. 玉ねぎ、人参、セロリ、にんにく、胡椒とバジルを入れ、3時間ほど煮込んだら、スッポンを取り出す。煮汁は布で漉して取っておく。
3. 2のスッポンは甲羅などからゼラテン質を取り出す。取り出したゼラチン質は、庖丁で細かく切り、身は手でほぐす。
4. 水でふやかした板ゼラチンをテリーヌ型にしき詰め、2の煮汁を少し入れ、3のゼラチン質と身を入れ、板ゼラチンで蓋をする。これを3回ほど繰り返したら、湯煎をして160℃のオーブンで30分ほど火を入れる。
5. 4の型は氷水にあてて冷まし、粗熱が取れたら冷蔵庫で3時間ほど冷やす。型から抜いてカットする。

スッポンのコッパ

美肌にいいと注目のコラーゲン。それを多く含む冬の食材に、スッポンがあります。イタリアにはない素材ですが、豊富なゼラチン質を活かして、コッパ・ロマーナのように作ってみました。淡泊な味わいで、白ワインともよく合います。

エスカルゴと野菜の煮込み

エスカルゴを使った、ワインビネガーとトマトの酸味で味わう一品です。温かいのはもちろん、冷たくても美味しく、ワインによく合います。エスカルゴが入手できないときは、ツブ貝やサザエなどの巻貝でも作れます。

材料

- エスカルゴ（水煮）——200g
- 玉ねぎ（みじん切り）——100g
- 人参（みじん切り）——30g
- セロリ（みじん切り）——20g
- にんにく（みじん切り）——小さじ1
- ひまわり油——適量
- 赤ワインビネガー——60cc
- トマトソース——60cc
- 塩・胡椒——各適量
- E.X.V.オリーブ油——適量

作り方

1. 鍋にひまわり油を熱し、玉ねぎ、人参、セロリを炒め、軽く塩をしてソフリットを作る。
2. 別鍋ににんにくとひまわり油を入れ、香りが出るまで炒めたら、1、エスカルゴ、赤ワインビネガー、トマトソースを加えて軽く煮込む。塩・胡椒で味を調え、オリーブ油を加える。

春が旬の白魚は、淡白な風味が持ち味。ワインに合わせるには、シンプルにアーリオ・オーリオの中で泳がせるように火を通します。香ばしさを出すため、にんにくはきつね色にするのがポイントです。作り置きできますし、エビ、イカでも作れます。

材料

白魚——200g
アンチョビ（フィレ）——2枚
E.X.V.オリーブ油——180cc
にんにく（スライス）——2片分
パセリ（みじん切り）——少々
タカノツメ——1/2本
塩・胡椒——各適量

作り方

1. 鍋にオリーブ油の半量とにんにくを入れて弱火にかけ、にんにくがきつね色になってきたら、アンチョビとタカノツメを入れて軽く炒める。
2. 白魚を入れ、火が入ってきたらパセリを入れて火から下ろし、残りのオイルを注ぎ、塩・胡椒で味を調える。

白魚のE.X.V.オリーブ油風味

穴子の燻製、ビンコットソース

イタリアでも食べられている、アナゴを使って燻製にした一品です。夏場にはウナギを使っても美味しく作れ、季節感も出せます。ビンコットはブドウの絞り汁を煮詰めた南の調味料。手に入らないときは、バルサミコ酢を濃度が出るまで煮詰めてから使ってください。

材料

アナゴ(開いたもの)──500g
玉ねぎ(みじん切り)──400g
人参(みじん切り)──120g
セロリ(みじん切り)──80g
グラニュー糖──40g
ローリエ(粗く刻んだもの)──1枚分
タイム──1枚分
ビンコット──適量
E.X.V.オリーブ油──適量

作り方

1 アナゴは皮目に沸騰した湯をかけて氷水に取り、庖丁の背でぬめりをしごき取っておく。
2 残りの材料のうち、ビンコットとオリーブ油を除く材料を混ぜ合わせる。
3 バットにガーゼをしき、その上に**2**の半量をしき詰め、**1**をのせ、残りの半分を乗せる。常温で1時間、その後、冷蔵庫で3時間マリネする。
4 **3**のアナゴを取り出して水洗いし、水けをよく拭き取ってから、冷蔵庫に入れて2〜3日乾燥させる。
5 中華鍋などに桜チップと少量の砂糖をしき、網を置いて**4**をのせ、弱火で燻製にし、冷ましてカットする。色々なサラダと共に皿に盛り、ビンコットとオリーブ油をかける。

スモークサーモンとピーマンの酢漬けのトルティーノ、グリーンソース

スモークサーモンとケッパーの組み合わせをヒントに考えた料理です。ケッパーではなく甘酢漬けのペペローニ(ピーマン)を組み合わせました。ペペローニは裏漉ししてゼラチンで固め、その上にゼラチンを合わせたスモークサーモンを重ねます。小皿に1個ずつ盛り付けられて、便利な一品です。

材料

- ピーマン(甘酢漬け)——350g
- 生クリーム——200cc
- スモークサーモン——200g
- イタリアンパセリ——適量
- E.X.V.オリーブ油——適量
- 塩・胡椒——各適量
- 板ゼラチン——20g
- 白ワイン——70cc
- 水——300cc
- 赤玉ねぎ——適量

作り方

1. ピーマン甘酢漬けは、フードプロセッサーにかけて鍋に移し、軽く温め、半量の板ゼラチンを水でふやかして入れ、一度裏漉しし、八分立ての生クリームと合わせ、塩・胡椒で味を調え、粗熱を取る。
2. 残りの板ゼラチンを水でふやかしておき、白ワインと水を加熱した鍋に入れて溶かし、みじん切りにしたスモークサーモンと合わせ塩・胡椒で味を調え、粗熱を取る。
3. プリン型に**1**、**2**の順で入れ、冷やし固める。
4. イタリアンパセリ、オリーブ油と塩、胡椒をミキサーに入れ回し、ソースを作る。
5. **3**をプリン型からはずし、上に棒状に切った赤玉ねぎをのせ、周りに**4**をかける。

◎魚介のおつまみ 2

カスベとはエイのこと。新鮮なエイのヒレは臭みもなく、コリコリとした軟骨の歯応えが美味しいもの。イタリアではエイはラッツァと呼ばれ、バター焼きにすることが多い素材です。ここでは唐揚げにして、「エイヒレ」のイメージでマヨネーズを使ったソースを添えました。

材料
- カスベ——80g×4枚
- 強力粉——適量
- 塩・胡椒各——適量
- E.X.V.オリーブ油——適量
- ソース（マヨネーズ3、バルサミコ酢1合わせたもの）——120g
- ピンクペッパー——適量

作り方
1. カスベは、塩、胡椒をして強力粉をまぶし、170℃のオリーブオイルで揚げる。
2. マヨネーズとバルサミコ酢を合わせたソースを添え、ピンクペッパーを添える。

カスベの唐揚げ マヨネーズとバルサミコ酢のソース

ワインに合う香り味をつくるコツ

1 にんにくの扱い方

　にんにくは、色々な業種の調理でもよく用いられる食材です。もちろんイタリア料理でもよく使う食材で、にんにくを使うと、より一層、ワインに合わせやすい味わいが作れます。ただし個性的で香りが強い食材だけに、扱い方には注意が必要です。

　にんにく一つをとっても、イタリア料理ではいろいろな扱い方があり、その状態や風味の活かし方に沿った調理方法があります。例えば、にんにくの強い香りと味を料理に加えたいときは、みじん切りにして使う（※1）。にんにくの香りや味とパリパリの食感も活かしたいときは、スライスして使う（※2）。香りのみを活かしたいときは、潰して使う（※3）、といった具合です。

　下にご紹介しましたように、それぞれに注意点がありますので参考にしてください。料理の特徴に合わせたにんにくの使い方をすることで、できあがった料理全体の風味のバランスを崩さないよう心がけたいものです。

※1　この場合は、みじん切りにして、ひまわり油に2日ほど浸け込んだものを使う。味がまろやかになり、調理途中で鍋に入れても焦げにくい。

※2　スライスの場合は、味がきつすぎる芽の部分は取ってからスライスする。新にんにくの場合は芽はないので使いやすい。

※3　にんにくを潰して使う場合は、香りのみを油に移したら、鍋から取り出す。食べないので、芽の部分は付けたままでもよい。

3

ワインに合うチーズのおつまみ

イタリア産チーズで作る、ワインと相性抜群の料理。

パルミジャーノ・チーズの
バルサミコ酢漬け

イタリアでは、トラットリアでよく見かける一品。パルミジャーノの塊りを、バルサミコ酢に漬けておくだけの極々簡単な料理です。バルサミコ酢は安価なもので結構です。残った漬け汁も、漉して煮詰めると、フレッシュなチーズにかけるソースにできます。

材料

パルミジャーノ（ブロック）——500g
バルサミコ酢——適量

作り方

1 パルミジャーノは大きめにカットし、保存ビンに入れる。
2 1にひたひたになるまでバルサミコ酢を注ぎ入れ、涼しい所に置いて3日ほど漬け込んでから提供する。

◎チーズのおつまみ 3

ブッラータは、プーリアのチーズ。モッツァレラをねっとりさせたような味と食感が特徴です。一般にはオリーブ油をかけて食べるところを、トマトや野菜などと一緒にカプレーゼのようにしました。ドライトマトともよく合います。

材料
- ブッラータ・チーズ──適量
- E.X.V.オリーブ油──適量
- 黒胡椒──適量
- マイクロトマト──適量

作り方
1. ブッラータ・チーズを皿に盛り、マイクロトマトを添える。オリーブ油と黒胡椒を付けて食べる。

ブッラータ・チーズ

材料

- モッツァレラ・チーズ（パール状のもの）——100g
- オレンジ——1個
- アンチョビ（フィレ）——2本
- オレンジ風味のオリーブ油——適量
- 好みのスプラウト——適量
- 松の実（炒ったもの）——少々

作り方

1. オレンジは、半分は皮をむき、輪切りにして皿に盛る。残りは飾り用に取っておく。
2. 1の皿にモッツァレラ、細長く切ったアンチョビ、スプラウトと松の実をちらす。
3. 1の残りのオレンジをスライスして飾り、オレンジ風味のオリーブ油をかける。

トマトとチーズのカプレーゼの感覚で、淡白なチーズと甘い柑橘類を合わせて食べるサラダに仕立てました。味が入りにくいので、チーズはあまり大きくきらないようにします。スプラウトは、ミントの葉に代えると風味が楽しめます。

モッツァレラ・チーズとオレンジのサラダ

◎チーズのおつまみ 3

ゴルゴンゾーラ・チーズとリンゴ、ハチミツと共に

ソテーしたリンゴと、青かびチーズのゴルゴンゾーラは、相性のいい組み合わせです。手間がかからず、イタリアでも前菜によく出されます。リンゴは甘めのものは合いませんので、できれば紅玉などを使ってください。ゴルゴンゾーラはドルチェを使います。

材料
- 紅赤リンゴ——1個
- ゴルゴンゾーラ・ドルチェ——200g
- ハチミツ——適量
- 無塩バター——適量

作り方
1. リンゴは、皮付きのまま櫛形に12カットし芯を取り、バターで炒める。
2. 1を皿に盛り、ゴルゴンゾーラのスライスを添え、ハチミツをかける。

マスカルポーネの香草風味

淡白なマスカルポーネは、香草を合わせるだけで個性的な一品ができあがります。チーズはカッテージ・チーズに代えてもいいでしょう。トーストしたパンにのせて、カナッペにしたりします。前菜などで、よく見られます。

材料

グリッシーニ──2本
セルフィーユ──2枝
シブレット──5本
イタリアンパセリ──適量
マスカルポーネ──100g
塩・胡椒──各適量
チャバッタ（またはバゲット）──適量

作り方

1 フードプロセッサーに、グリッシーニ、セルフィーユ、シブレットとイタリアンパセリを入れて、粗めのみじん切りにする。
2 マスカルポーネと1をよく混ぜ合わせ、塩・胡椒で味を調え、皿に盛り付ける。トーストしたパンを添える。

チーズのおつまみ 3

フランス料理でいう、キッシュです。中はお好みで。イタリアにはパイ料理が多く、この料理のようにパイ生地で包んだものを多く見かけます。ここでは2種類のチーズを使い、コクを出しました。まとめて作り、電子レンジで温め直して出せるので、便利です。

材料

- タルト生地（右参照）──約330g （24cm大のタルト型1台分）
- 玉ねぎ（スライス）──100g
- パンチェッタ（拍子木切り）──140g
- スカモルツァチーズ──100g
- トレビス（1cmカット）──5枚分
- ひまわり油──適量
- 卵──3個
- 牛乳──100cc
- 生クリーム──200cc
- ナツメグ──少々
- パルミジャーノ（パウダー）──20g
- 塩・胡椒──各適量

作り方

1. フライパンにひまわり油を熱し、玉ねぎとパンチェッタを入れてよく炒める。
2. ボールに卵と牛乳、生クリームを入れてよく混ぜ合わせ、裏漉しし、ナツメグとパルミジャーノを入れ、塩・胡椒で味を調える。
3. タルト生地に、1とスカモルツァ、トレビスをしき詰め、2を流し、180℃のオーブンで30〜40分加熱する。

● タルト生地

- 薄力粉──75g
- 強力粉──75g
- 水──60cc
- 塩──3g
- バター──120g

1. 水に塩を加え、冷やしておく。薄力粉は強力粉と合わせてふるっておく。
2. 1の小麦粉にバターを加え、サラサラな状態になるまでよく合わせたら、1の水を加えて指でつまうように合わせ、ひとまとめにして冷やす。
3. 2が冷えたら、取り出して麺棒で延し、三つ折りにしてさらに延し、90度回転させて三つ折りにし、30分〜1時間、冷蔵庫で冷す。
4. 3を延してタルト型にしき詰め、重しをして170℃のオーブンで焼く。

タヴェルナ・アイ風タルト

なすとモッツァレラを重ねて焼いた料理です。通常は、なす、パルミジャーノ、モッツァレラを重ねることが多いのですが、ここではモルタデッラで味を足しました。ベーコンでもいいでしょう。大皿に多めに作っておき、温め直して出します。

材料

- 米なす（2cm厚さスライス）——4枚
- モッツァレラ・チーズ——120g
- モルタデッラ・ソーセージ（輪切りスライス）——8枚
- トマトソース——360cc
- ドライオレガノ——少々
- パルミジャーノ（パウダー）——適量
- パン粉——少々

作り方

1. なすは軽く塩をし、少し置いて浮き出たアクを拭き取り、グリルしておく。
2. トマトソースは、オレガノと合わせておく。
3. 耐熱皿に、1のなす、モッツァレラ、モルタデッラ、2の順で重ねてのせ、パルミジャーノとパン粉をふり、180℃のオーブンで焼き上げる。

なすとモッツァレラ・チーズのオーブン焼き

◎チーズのおつまみ 3

温かいカプレーゼ

手軽な前菜のカプレーゼをひと工夫。トマトとチーズを並べるのではなく、チーズを溶かして加熱したトマトにかけるだけで、印象の違う一品にできます。チーズは、カチョカヴァロやスカモルツァなどを使うと個性的になります。

材料

- ベニエ生地（右参照）——適量
- セミドライトマト——16個
- モッツァレラ・チーズ——200g
- アンチョビ（フィレ）——2枚
- バジリコ——50g
- E.X.V.オリーブ油——90★
- ひまわり油——適量

●ベニエ生地

- 薄力粉——200g
- インスタントドライイースト——3g
- 塩——5g
- 砂糖——10g
- 水——300cc

材料をよく混ぜ合わせ、室温に30分置いて発酵させる。

作り方

1. セミドライトマトはベニエ生地を付け、170℃のひまわり油で揚げる。
2. モッツァレラはスライスし、160℃のオーブンで溶けるくらいまで焼く。
3. バジリコのソースを作る。バジリコをジューサーに入れ、オリーブ油少しずつ注ぎながら回す。一体化したら取り出す。
4. 皿に1をのせて2をかけ、3をちらす。細切りにしたアンチョビをのせる。

ポルチーニ茸とタレッジョのファゴッティーノ

材料

- パイ生地——300g
- ポルチーニ茸——200g
- タレッジョ——100g
- パルミジャーノ（削りおろし）——50g
- にんにく（みじん切り）——1片分
- イタリアンパセリ（みじん切り）——少々
- 溶き卵——適量
- E.X.V.オリーブ油——適量

作り方

1. ポルチーニ茸は、オリーブ油で炒める。炒めたところににんにく、イタリアンパセリを入れ、さらに軽く炒め、取り出してみじん切りにしておく。
2. ダイスカットにしたタレッジョと**1**を合わせ、パルミジャーノを加える。
3. パイ生地を広げ、四角形（8cm角）にカットする。
4. **2**をのせて閉じ、ファゴッティーノ（小さなファゴット）をつくる。
5. 卵を溶き**4**に塗り、200℃のオーブンで7〜8分焼く。

四角く切ったパイ生地で、茸とタレッジョを包み込んで焼いた料理です。小さく切り、指でつまんで口に運べる手軽な一品として提供できます。タレッジョの個性が強いので、茸はポルチーニや椎茸など、味の濃い茸を使ってください。

チーズのおつまみ 3

モッツァレラ・チーズのフライ

材料
- モッツァレラ・チーズ──80g×4個
- アンチョビ（フィレ）──4枚
- 小麦粉──適量
- 卵──1個
- パン粉（細挽き）──適量
- トマトソース──適量
- バジリコの葉──10枚
- E.X.V.オリーブ油──60cc
- ひまわり油──適量

作り方
1. モッツァレラは切れ目を入れてアンチョビを詰め、小麦粉、溶き卵、パン粉の順でつける。
2. 170℃のひまわり油で色よく揚げ、取り出して油をよくきる。
3. ソースを作る。ジューサーにバジリコの葉とオリーブ油を入れて回す。
4. 皿にトマトソースをしき、2をのせ、3をかける。

モッツァレラにアンチョビを詰め、フライにしました。この料理にはジェノヴェーゼやトマトなど、色々なソースが合い、ウスターソースを合わせても楽しめます。チーズは粉をよく付け、ステーキにしても美味しいものです。

4種のチーズのフリッコ

チーズのフリットのことをフリッコと呼ぶ地域もありますが、これはイタリアの中部の都市で見られる料理で、裏漉ししたじゃが芋に、好みのチーズを加えたものです。4種のチーズの風味が重なった、複雑な味わいが魅力で、ワインのおつまみにぴったりです。チーズの印象を高めたいときは、写真のようにパルミジャーノを削りかけるといいでしょう。

材料

じゃが芋——400g
玉ねぎ（スライス）——1個
パルミジャーノ（パウダー）——50g
ペコリーノ・ロマーノ（パウダー）——30g
ゴルゴンゾーラ・ピカンテ——30g
タレッジョ——40g
塩・胡椒——各適量
ひまわり油——適量

作り方

1 フライパンに油を熱し、玉ねぎを入れて甘みが出るまで炒めておく。
2 じゃが芋は3％の塩水で茹で、熱いうちに皮をむき、ボールに入れて粗くつぶし、1と4種のチーズを加えてよく混ぜ合わせる。塩・胡椒で味を調える。
3 フライパンに油を熱し、2をのせ、丸型に形を整えながら、両面をきつね色に焼き上げる。

◎ チーズのおつまみ 3

この料理では、チーズが分離しやすいので、湯せんしているときに熱くしないのがコツ。パンを添えて、カナッペ風に楽しんでください。パルミジャーノはグラナ・パダーノやゴルゴンゾーラに代えても美味しく作れます。

材料

- パルミジャーノ（パウダー）――350g
- 牛乳――300cc
- 生クリーム――150cc
- 卵白――3個分
- グラニュー糖――20g
- ソース（パルミジャーノ[パウダー]――50g、牛乳――70cc）
- クロッカンテ（パルミジャーノ[パウダー]――適量）

作り方

1. ボールに牛乳とパルミジャーノを入れ、湯せんにかけて溶かしたら粗熱を取り、六分立てにした生クリームを合わせる。
2. 別ボールに卵白を入れ、グラニュー糖を加えて泡立て、メレンゲを作り、1に3回に分けて加えながら合わせる。バットに流し、冷蔵庫で冷やし固める。
3. ソースを作る。材料をボールに入れ、湯煎をして溶かす。
4. クロッカンテを作る。テフロンのフライパンにパルミジャーノをしき詰め、火にかける。下が焼けたら裏返し、両面を焼き固める。
5. 2をスプーンですくって皿に盛り、3を流して4を添える。

パルミジャーノのムース

淡白なリコッタは、低温のオーブンで焼くことで風味豊かなワインのおつまみになります。冷めても美味しく、肉やパスタにかけたりもできます。焦がさないよう、チーズ全体にパプリカの粉をかけて焼くのがポイントです。

材料
- リニッタ・チーズ──250g
- パプリカ（パウダー）──少々
- ペペロンチーノジャム──適量

作り方
1. リコッタは水分をよく拭き、パプリカをかけ、100℃のオーブンでゆっくりと、2～3時間かけて焼き上げる。
2. 皿に盛り、ペペロンチーノジャムを添える。

焼きリコッタ・チーズ

◎チーズのおつまみ 3

スカモルツァ・アフミカータ・チーズのステーキ

主に牛乳でモッツァレラと同じようにして作るチーズで、ヒョウタン型なのが特徴。燻製にしたものは、南の地方ではステーキにして食べます。チーズのステーキですから、ワインとの相性も抜群。焼いただけですが、コクがあって美味しい料理です。

材料
スカモルツァ・アフミカータ・チーズ──80g
強力粉──適量
ひまわり油──適量

作り方
1 スカモルツァは強力粉をまぶし、ひまわり油を熱したフライパンで両面を焼く。
2 色よく焼けたら、熱した鉄板にのせる。

2 チーズは調味料にも

ワインに合う味をつくるコツ

　オランダやフランス同様に、イタリアにもさまざまなチーズがあり、今日ではスーパーでも多くの種類が見られるようになりました。生産地の気候風土、牛や羊や山羊といった乳の種類、熟成度合い、スモークしたものやカビ付けしたもの…と、イタリア各地では様々な個性のチーズが食べられています。

　チーズはそのままカットすれば食べられ、ワインとも相性の良い手間のかからないおつまみ素材です。手を加えずそのまま食べるだけで充分に美味しいものですが、料理にもよく使われています。乳製品独特のコクと熟成したうま味は何物にも代えがたく、特にカビ付きタイプのゴルゴンゾーラやウォッシュタイプのタレッジョのように濃厚で風味豊かなものは、そのままでは苦手な人がいても、調味料の代わりとして使うとすんなりと食べられ、逆にその個性が病み付きになってしまうことが多いものです。そこでワインと合う料理を作るときには、チーズを上手に組み合わせることがポイントの一つになります。

　例えばパルミジャーノやグラナ・パダーノのような硬質チーズは、パウダー状にして肉や野菜の上にかけたり、潰したじゃが芋に混ぜ込んだりすることで熟成した塩けを補うことができます。逆に柔らかでフレッシュ感のあるマスカルポーネやモッツァレラなどは、その淡白な味を活かし、香草を合わせたりムースにしたりと少し手を加えることで、ワインに合うおつまみに仕立てられます。さらにゴルゴンゾーラやタレッジョなどの風味の強いものは、その個性をあえて活かし、加熱してソースにし、火を入れた野菜や魚介などにかけたりすると、ワインに合う一皿になります。

ワインに合う加工肉のおつまみ

4

生ハム、サラミ、ソーセージで作る料理。ロス活用料理も。

生ハムの盛り合わせ、黒イチジク添え

ハムやサラミなどの加工肉は、ワインによく合い、切って盛るだけなので手間もかからない便利な食材です。加工肉だけを盛るだけでなく、塩けと相性のよいフルーツと盛り合わせると、美味しさが引き立ちます。フルーツはイチジクだけでなく、メロン、桃、柿やイチゴなど、旬のものを使うと季節感も出せます。

材料

プロシュット──適量
ミラノ・サラミ──適量
ボッコライオ──適量
パンチェッタ──適量
ラルド──適量
黒イチジク──適量

作り方

1 ハム類は、スライサーでそれぞれ薄くスライスし、皿に盛り付ける。
2 イチジクは食べやすい大きさに切り、1の上に盛り付ける。

◎加工肉の**おつまみ** 4

生ハムやサラミの端身、硬くなった部分を活用した料理です。そのままでは出せない部分を溜めておいて細かくカットし、ゼラチンで固めて作ります。ここではテリーヌ型で作りましたが、アルミホイルで巻き、サラミの形に成形することもできます。野菜や加熱した肉を加えても面白いでしょう。

材料
- 生ハム・サラミ類の端身や硬くなった部分——850g
- ゼラチン——10g
- ブロード・ディ・ポッロ——100cc

作り方
1. 生ハム、サラミ類は、細かくカットしてボールに入れる。
2. ブロードを人肌に温め、水でふやかしたゼラチンを入れて溶かし、1に漉し入れ、ゼラチンが全体にからむように混ぜ合わせる。
3. テリーヌ型に入れ、ヘラで押し付けながらならしたら、重しをして冷蔵庫で3〜4時間冷やし固める。

生ハム、サラミのゼリー寄せ

お米を巻いた生ハム

ブロードで茹でた米をマヨネーズで味付けし、プロシュットで巻いた料理です。ここではカルナローリ米を使いましたが、日本の米でも美味しく作れます。日本米の場合は、イタリア米よりやや短めの10分間ほど茹でてパラパラにしたものを使います。

材料

プロシュット（スライス）——10枚
カルナローリ米——120g
いんげん（茹でたもの）——20本
ブロード・ディ・ポッロ——適量
マヨネーズソース——少々
塩・胡椒——各適量
E.X.V.オリーブ油——適量

作り方

1 カロリーナ米は、一度水から茹でこぼし、濃度の高いブロードを鍋で沸騰させて入れ、約12～13分茹でたら、ザルにあけて水洗いし、冷ましておく。

2 1のカロリーナ米は水けをよくきり、マヨネーズとオリーブ油をかけて混ぜ合わせ、塩・胡椒で味を調える。

3 生ハムを広げ、2といんげんを巻いて皿に盛る。

◎加工肉のおつまみ 4

マスカルポーネとサボテンジャムをのせたパンチェッタ

フレッシュチーズと野菜のジャムは、相性のいい組み合わせです。ここでは南イタリアの食材のサボテンジャムを使いました。パンチェッタやベーコンの塩けで味を引き締め、ワインと合う一品に仕上げます。パンチェッタを外すと、ドルチェとしても出せます。

材料
- パンチェッタ（スライス）——5枚
- マスカルポーネチーズ——適量
- サボテンのジャム——適量

作り方
1. パンチェッタは、筒状にして皿に並べ、その上にマスカルポーネをのせる。
2. 1の上にジャムをのせる。

材料

クスクス——100g
ブロード・ディ・ポッロ——100cc
パンチェッタ（小角切り）——60g
玉ねぎ（スライス）——30g
チェリートマト（半分にカットしたもの）——10個
イタリアンパセリ（みじん切り）——少々
E.X.V.オリーブ油——適量
塩・胡椒——各適量

作り方

1 ボールに、クスクスと沸騰したブロードを入れ、かき混ぜてラップをし、5分間蒸らす。
2 フライパンにオリーブ油を熱し、パンチェッタと玉ねぎを炒める。玉ねぎが透き通ったら、チェリートマトとイタリアンパセリを入れて軽く炒める。
3 2は油をきらずにそのまま1と合わせ、塩・胡椒で味を調え、オリーブ油をふる。

クスクスは、ワインとも相性のいい素材。ブイヨンを注いで蒸し、パンチェッタの塩けで食べます。オリーブ油を多めに加えることが、味良く作るコツです。そのまま食べるだけでなく、茹でた肉類にのせてもよく、付け合せにもなる一品です。

パンチェッタ、クスクスと共に

モルタデッラ・ソーセージのステーキ

モルタデッラは、豚の名産地ボローニャのソーセージ。薄くスライスして食べることが多いのですが、厚く切ってステーキにするのはボローニャの伝統料理です。塩・胡椒もしません。目玉焼きを添えることが多く、できれば、モルタデッラを焼いたときに出た油で目玉焼きを作ってください。

材料
- モルタデッラ・ソーセージ——120g
- 卵——1個
- ひまわり油——適量

作り方
1. 油を熱したフライパンで、モルタデッラ・ソーセージを両面を焼いて火を入れる。
2. 1のフライパンに残った油で、目玉焼きを作る。
3. 1を皿に盛り、2をのせ、粒マスタード（分量外）を添える。

自家製ソーセージ

加工肉をよく食べるイタリアでは、ソーセージも大人気です。市場や精肉店で売られていたり、レストランでも自家製のものが見られたりします。豚肉は、グラッパ、ワインとローズマリーの風味をきかせてマリネし、粗挽きにします。

材料

- 豚肩ロース肉──1kg
- 背脂──200g
- 塩──14g
- 胡椒──5g
- 赤ワイン──適量
- グラッパ──適量
- ローズマリー──2〜3枚
- ソーセージ用豚の小腸──適量

作り方

1. 肩ロース肉と背脂は、3〜4cm角に切る。ボールに入れて塩、胡椒をしてよく合わせ、全体が浸かる程の赤ワインを注ぎ、グラッパは軽く香りが付く程度に入れて合わせる。
2. バットに移し、ローズマリーをのせて、一晩マリネする。
3. 翌日、ローズマリーを外し、粗めの挽き肉にしてよくこねたら、ソーセージ用の豚の小腸に詰め、80℃くらいのお湯で10分間ボイルする。

◎加工肉の**おつまみ** 4

高価なプロシュットは、少しでも無駄にしたくないもの。硬くなってしまった部分や皮の部分は、切り取ってそのままで茹で、箸で切れるほど柔らかくしてからこの料理に使うと無駄になりません。プロシュットを原木で取ったときに試してください。豚肉のゼラチン質で固まりますが、肉にゼラチン質が少なく固まりにくい場合は、ゼラチンを少し足してください。

材料

- 生ハム（硬くなったり茶色くなったりした部分）——500g
- 黒胡椒（パウダー）——少々
- 水——約2ℓ
- フルーツトマト（湯むき、小角切り）——10個
- バジリコの葉（せん切り）——5枚分
- レモン汁——45cc
- E.X.V.オリーブ油——適量
- 塩・胡椒——各適量

作り方

1. 生ハムは、一度茹でこぼしてアクを取り、よく洗う。
2. 鍋に水を張り1と黒胡椒を入れて火にかけ、沸騰したら蓋をして180℃のオーブンで柔らかくなるまで煮る。途中で水分が無くなりそうになったら水を足す。
3. 2の生ハムが柔らかくなったら取り出し、細かく切る。煮汁は取っておく。
4. 鍋の煮汁は、塩分をよくみながら煮詰め、濃度が出てきたら3を戻して軽く煮込み、型に流して冷やし固める。
5. ソースを作る。ボールにフルーツトマトとバジリコ、レモン汁、オリーブ油を入れて合わせ、塩・胡椒で味を調える。
6. 4を型から出して皿に盛り、5を流す。

生ハムの
スフォルマート

3 加工肉でイタリアテイストを

ワインに合う味をつくるコツ

　肉食文化のヨーロッパでは、肉の端身でも無駄にせず、また長期保存をするために、各地で様々なハム・ソーセージなどの加工肉が作られてきました。イタリアでは最も有名なパルマの生ハム以外にもたくさんあり、検疫の関係で日本に紹介されていないだけで、それ以外にも北から南まで、各地で実に様々なハム類やソーセージ類が作られています。それが今、少しずつ紹介されるようになってきました。今後も注目しておきたい素材です。

　そのハム・ソーセージ類は、通常は前菜として切り分けて出すことが多いのですが、これらも112ページのチーズと同様に、"調味料"代わりに調理の際にも用いられます。加工肉は、元々が保存食ですので、塩分や脂分が強いものばかりです。ただしその塩分や脂分に、ただの塩や油脂と異なり、肉の熟成に伴ううま味や香り、一緒に使われた香辛料の風味が付いていて、深い味わいを料理に付けることができます。そこで加工肉の塩けや脂分を料理の味付けに使うことで、イタリアの味に近付けることができるのです。

　加工肉は時間をかけて熟成させるため、基本的に高価な素材です。このため、無駄なく全てを使いたいところですが、切った後に時間が経って硬くなった部分や、1人前の分量にならない端身などはお客様に出せません。そこでこうした部分を料理に活かすことで、ロスを抑えることにもつながります。

　使い方としては、熱した油に入れて脂分を溶かし込むことで風味を加えたり、パスタのソースづくりの際に使ったり、豆の煮物やソースの中に加えたり、生ハムなら魚介類と合わせてソテーしたりと、さまざまです。

ワインに合う肉のおつまみ

5

各種肉や内臓肉を活用。
一度に大人数分を
作れる料理も。

若鶏のオーブン焼き、白ワインビネガー風味

白ワインと相性抜群の一品で、鶏肉をソテーした鍋に白ワインビネガーを注ぎ入れてオーブンで焼き上げます。淡白な鶏肉に、アンチョビとラードを組み合わせてコクを出し、白ワインビネガーの風味で味を引き締めます。

材料

- 若鶏──1羽
- ラード──適量
- ローズマリー──1枚
- にんにく(みじん切り)──1片分
- アンチョビ(フィレ)──2枚
- 白ワインビネガー──200cc
- 白ワイン──200cc
- 塩・胡椒──各適量

作り方

1. 鶏は、各部位ごとにさばく。ぶつ切りでも良い。
2. フライパンにラードを熱し、1に塩・胡椒をして入れる。焼き色が付いたらにんにくとアンチョビを入れ、香りが出るまで炒めてワインビネガーと白ワインを注ぐ。
3. 沸騰したら、170℃のオーブンでソースが肉に染み込み無くなるまで煮る。

若鶏手羽先の香草焼き

材料

- 手羽先——10本
- 生姜(せん切り)——30g
- ローズマリー(みじん切り)——1枝分
- マジョラム(みじん切り)——2枝分
- タイム(みじん切り)——3枝分
- セージ(みじん切り)——1枝分
- オレンジの皮(みじん切り)——1個分
- レモンの皮(みじん切り)——1個分
- レモンの絞り汁——1個分
- オレンジの絞り汁——1個分
- オレンジ風味のオリーブ油(またはE.X.V.オリーブ油でもよい)——適量
- 塩・胡椒——各適量

作り方

1. 手羽先は、骨と骨との間に庖丁を入れ、半分にカットする。
2. 両手鍋に、1と残りの材料を入れ、180℃のオーブンで焼き上げる。

居酒屋などでも酒の肴として人気の手羽先は、イタリアでも親しまれているワインと合う食材。安価な食材なので、皿にいっぱい盛って出てきます。ここでは香草をきかせ、オレンジの風味も添えてワインに合う味に仕上げました。

鶏肉にチーズの詰め物をして焼き上げた料理です。この料理では比較的安価なムネ肉を使います。加熱によるパサつきは、チーズが加わることで防げて、しっとり感が出ます。詰め物は、チーズに代えてベーコンや背脂などでもいいでしょう。

材料

- 若鶏ムネ肉──300g×2枚
- リコッタ・チーズ──100g
- 卵黄──1個分
- 好みのハム類(みじん切り)──40g
- グラナ・パダーノ(パウダー)──20g
- ひまわり油──適量

作り方

1. 鶏肉は、身の厚い部分から庖丁を入れ、袋状にする。穴を開けないように注意する。
2. ボールにリコッタ、グラナ・パダーノ、卵黄、ハム類を入れて合わせ、1に詰め、口を爪楊枝で留める。
3. フライパンにひまわり油を熱し、2を皮目から入れ、全体に焼き色を付けたら、180℃のオーブンで中まで火を通す。

リコッタ・チーズを詰めたチキンロースト

ホロホロ鳥のテリーヌ

鳥の持つゼラチン質を利用して固めるテリーヌです。ここでは濃厚な味のホロホロ鳥を使いましたが、鴨肉以外、地鶏のモモ肉でも結構です。レバーを入れてコクを出すのがポイントです。お好みのピクルスを添えてください。

材料

- ホロホロ鳥モモ肉——6枚
- レバー（血抜きしたもの）——160g
- ローズマリー——1枝
- ローリエ——1枚
- にんにく（スライス）——2片分
- 塩・胡椒——各適量
- ピクルス類——好みで適量

作り方

1. テリーヌ型は、内側にオリーブ油（分量外）を薄くぬっておく。
2. 1の型にモモ肉を皮目を下にして2枚しき、レバーをのせて、塩・胡椒をする。
3. 続いてモモ肉を身の方を下にして2枚しき、レバーをのせて塩・胡椒をする。
4. 残りのモモ肉を皮目を上にしてのせ、さらに塩・胡椒をしたら、ローズマリー、ローリエ、にんにくをのせる。
5. バットに湯を張り、4の型を入れ、オーブンで湯煎にかけて焼き上げる。
6. 中まで火が通ったら取り出し、テリーヌ型に重石をして氷水で冷やす。完全に冷めてからカットし、好みでピクルスを添える。

鴨ムネ肉とリンゴのサラダ

鴨のコクをリンゴとレモンで爽やかに味わう、ワインに合うおつまみサラダです。上にかけるソースにレモンのジャムとリモンチェッロを使い、コクを出します。鴨に代えて、鶏モモ肉か豚肉を使ってもよく合います。

材料

- 鴨ムネ肉──1枚
- リンゴ（紅赤。拍子木切り）──1/2個分
- レモン汁──180cc
- レモンジャム──小さじ1
- リモンチェッロ──60cc
- 無塩バター──10g
- ひまわり油──適量
- 塩・胡椒──各適量
- 松の実・クルミ（ローストしたもの）──各適量

作り方

1. 鴨肉は塩・胡椒をし、ひまわり油を熱したフライパンで焼き色を付けたら、160℃のオーブンで中心部がロゼになる程度に焼き、冷ましておく。
2. ソースを作る。鍋にレモン汁、レモンジャム、リモンチェッロを入れて1/4量に煮詰め、バターを加えて塩・胡椒で味を調える。
3. 1の肉はスライスし、リンゴと合わせて皿に盛る。2のソースをかけ、松の実とクルミをちらす。

◎肉のおつまみ 5

そば粉のポレンタにのせた鴨のラグーソース

材料

- 鴨骨付きモモ肉——750g
- ソフリット——260g
- ひまわり油——適量
- 赤ワイン——700cc
- スーゴ・ディ・カルネ——400cc
- ローズマリー——1本
- ローリエ——1枚
- 塩・胡椒——各適量
- トマトホール（潰したもの）——300g
- アーティチョーク（オイル漬けを縦に四つ割りにしたもの）——6本
- そば粉——100g
- 水——400g
- 無塩バター——30g
- 生クリーム——少々

作り方

1. フライパンにひまわり油を熱し、鴨肉に塩・胡椒をして入れ、両面をきつね色に焼き上げる。
2. 鍋にソフリットを入れて温め、1と赤ワイン、トマトホール、スーゴ・ディ・カルネ、ローズマリー、裏面を炙ったローリエを入れ、軽く塩・胡椒をして煮込む。
3. 鴨肉が柔らかくなったら、取り出してひと口大に切り分けて鍋に戻し、アーティチョークを入れて軽く煮込み、塩・胡椒で味を調える。
4. そば粉のポレンタを作る。別鍋にそば粉と水を入れて火にかけ、焦げないようにかき混ぜながら火を通す。そば粉に火が入って香りが出たら、バターを入れてかき混ぜる。
5. 皿に4を流し、3をのせ、ポレンタに生クリームを少々回しかける。

柔らかく煮込んだ鴨肉をポレンタにのせた料理は、ヴェネト州の秋を代表する料理です。意外なことにイタリアでもそば粉はよく採れますので、ここではポレンタ粉の代わりにそば粉を使い、ゆるいそばがき風のポレンタにしました。

日本ではあまり馴染みのないウサギ肉は、寒い時期の北イタリアの名物料理。鶏肉に似た味わいが特徴です。ここでの調理のポイントは、グリーンオリーブの塩抜きをきちんとすること。ウサギは、鶏肉に代えても美味しく作れます。

材料

- ウサギ──1羽
- グリーンオリーブ──300g
- ケッパー──60g
- にんにく（みじん切り）──2片分
- タカノツメ──1本
- 白ワイン──90cc
- ブロード・ディ・ポッロ──720cc
- 強力粉──適量
- 塩・胡椒──各適量
- E.X.V.オリーブ油──適量

作り方

1. グリーンオリーブは、種を取り出し、粗みじん切りにしてケッパーとともに水にさらし、塩分を抜いておく。
2. ウサギ肉は、ぶつ切りにして塩・胡椒をし、小麦粉をまぶしてオリーブ油を熱したフライパンで焼き色を付ける。余分な油を捨て、白ワインを注ぐ。
3. 鍋にオリーブ油を注ぎ、にんにくを入れて弱火で炒める。きつね色になったら、タカノツメを入れて軽く炒め、**2**とブロードを加え、柔らかくなるまで煮込み、塩・胡椒で味を調える。

ウサギとグリーンオリーブの軽い煮込み

サンブーカは、イタリア特産の甘いリキュール。それを使って大きめの豚バラ肉に甘みと香りを付けた、いわば豚角煮のイタリア版です。古代ローマで用いられた調味料・ガルム（魚醤の一種）も使いますが、醤油で代用できます。

材料

- 豚バラ肉――1kg
- 玉ねぎ（みじん切り）――200g
- 人参（みじん切り）――125g
- セロリ（みじん切り）――75g
- ローリエ――1枚
- ブロード・ディ・ポッロ――2000cc
- サンブーカ――200cc
- ガルム――180cc
- 岩塩――適量
- 塩・胡椒――各適量
- ひまわり油――適量

作り方

1. 豚肉は、塩・胡椒をし、油を熱したフライパンで表面に焼き色を付けておく。
2. 鍋にひまわり油を入れ、玉ねぎ、人参、セロリを加え、軽く塩をしてからソテーしてソフリットを作ったら、1、ブロード、サンブーカ、ガルム、岩塩と、裏面を軽く炙ったローリエを入れ、肉が柔らかくなるまで煮込む。
3. 肉を取り出し、煮汁を冷まして表面に浮いた脂を取り、温めてソースとする。

豚バラ肉のサンブーカ風味の煮込み

パテ・ア・ラ・カンパニョーラ

フレンチでいう、パテ・ド・カンパーニュです。その名の通り素朴な田舎料理で、イタリアでも残った肉や肉の端身で作られます。肉だけでは重くなりますから、玉ねぎを加えて甘みも出します。ソースにも、玉ねぎを使ったクリームソースを合わせます。

材料

- 豚挽き肉——1kg
- 豚背脂——300g
- 豚レバー——300g
- 卵——2個
- にんにく（みじん切り）——20g
- ナツメグ——0.5g
- シナモン——0.5g
- 塩・胡椒各——適量
- 玉ねぎ（みじん切り）——1個分
- E.X.V.オリーブ油——適量

●玉ねぎのクリームソース
- 玉ねぎ（スライス）——200g
- オリーブ油——20cc
- 生クリーム——50cc
- 塩・黒胡椒各——適量

作り方

1. 玉ねぎは、少量のオリーブ油で炒め、透き通ったら取り出し、冷ましておく。
2. ボールに残りの材料をすべて入れ、**1**を加え、混ぜ合わせたら、小さいバットに入れ、冷蔵庫で12時間休ませる。
3. **2**をテリーヌ型に入れ、85℃のオーブンで3時間焼き上げたら、取り出す。
4. ソースを作る。玉ねぎをオリーブ油で透き通るまで炒め、塩、黒胡椒を加えたら、生クリームを入れ、水分がなくなるくらいまで煮詰め、冷ましたら、カットした**3**にかける。

仔羊モモ肉のオーブン焼き

仔羊モモ肉を丸ごと1本使った豪快な料理で、イタリアでは惣菜店や精肉店などでも見かけます。迫力がありますし、目の前で好きなだけ切り分けられますので、喜ばれます。こうした提供方法は、ローストチキンでもできます。

材料

- 仔羊モモ肉——1本
- ウイキョウ(厚めのスライス)——150g
- にんにく(みじん切り)——2片分
- タカノツメ——少々
- 白ワイン——500cc
- 赤ワインビネガー——200cc
- 塩・胡椒——各適量
- E.X.V.オリーブ油——適量
- ローズマリー——2枚

作り方

1. 仔羊肉は、全面をフォークなどで刺し、塩・胡椒をする。
2. 耐熱皿にウイキョウ、にんにく、タカノツメ、白ワイン、赤ワインビネガーを入れ、その上に**1**をのせ、肉の上にローズマリーを置き、オリーブ油をかけ、180℃のオーブンに入れ、約80分ほど焼き上げる。

ズッキーニは、大きく育ちすぎたものを捨てずに活用するため、硬くなった種の部分を除いて詰め物をする料理が伝統的によく見られます。ここで使った仔牛のパテは、詰め物にせず、そのままでも美味しくいただけます。

材料

- 仔牛モモ肉——300g
- 玉ねぎ（スライス）——1個分
- にんにく（みじん切り）——小さじ1
- ひまわり油——適量
- 白ワイン——適量
- 水——適量
- 塩・胡椒——各適量
- ドライオレガノ——小さじ1/2
- パルミジャーノ（パウダー）——大さじ⅔
- 生パン粉——大さじ5
- 全卵——1個
- パルミジャーノ（スライス）——適量
- E.X.V.オリーブ油——適量
- ズッキーニ——5本

作り方

1. 鍋にひまわり油とにんにくを入れて火にかけ、香りがでてきたら玉ねぎと少々の塩を入れ、さらに炒める。
2. モモ肉を入れてきつね色になるまで炒め、白ワインと水を同割りにして全体が浸る量を注ぎ、蓋をせず160℃のオーブンで柔らかくなるまで煮る。
3. 肉が煮えたら、全量をフードプロセッサーに入れて回す。ボールに出し、オレガノ、パルミジャーノ、生パン粉、卵を入れてよく混ぜ合わせ、塩・胡椒で味を調える。
4. ズッキーニは縦半分に切り、中の種を出し、3％の塩水でボイルして取り出す。
5. 4に3をのせ、180℃のオーブンで5分ほど加熱し、焼き上がったらパルミジャーノのスライスをのせ、オリーブ油をかける。

仔牛肉のパテ、ズッキーニ詰め

◎肉のおつまみ 5

仔牛のトンナートソース

トンナートソースは、ヴェネツィア独特のソース。ツナにマヨネーズやビネガーなどを合わせたソースで、あっさりとした肉にかけて食べます。ここでは仔牛肉を使いましたが、他に茹で豚や鶏ムネ肉を使ってもいいでしょう。

材料

- 仔牛モモ肉または鶏ムネ肉または豚モモ肉 ——400g
- ツナ——200g
- マヨネーズソース——120g
- 白ワインビネガー——30cc
- ケッパー（酢漬け）——8g
- アンチョビ（フィレ）——8枚
- ブロード・ディ・ポッロ——720cc
- 白ワイン——90cc
- ひまわり油——90cc
- 塩・胡椒——各適量

作り方

1. 肉はタコ糸で縛り、ひまわり油を熱したフライパンで焼き色を付ける。
2. 肉を取り出し、フライパンに残った余分な油を捨て、白ワインを注いで温め、ブロードを入れた鍋に入れる。肉も鍋に入れ、蓋をして熱し、肉が柔らかくなったら取り出す。残りの煮汁は約30ccになるまで煮詰めて漉し、冷ます。
3. ジューサーにツナ、マヨネーズ、白ワインビネガー、ケッパー、アンチョビと2の煮汁を入れて回し、塩・胡椒で味を調える。
4. 皿に2の肉をスライスしてのせ、塩・胡椒を軽くして3のソースをかける。

カラブリア風ロールキャベツ、ビネガーソース

イタリア各地には、例えばロメインレタス、黒キャベツやちりめんきゃべつなど、その土地のきゃべつで作るロールキャベツがあります。この料理はカラブリア風。ピリッと辛い刺激とビネガーの酸味が、食欲を刺激します。

材料

- 豚挽肉――2kg
- ンドゥイカ――100g
- パプリカ(パウダー)――30g
- ちりめんきゃべつ(大)――10枚
- ペコリーノ・ロマーノ(パウダー)――70g
- 赤玉ねぎ(スライス)――700g
- オレンジの皮(すりおろし)――1ヶ分
- 塩・胡椒――各適量
- E.X.V.オリーブ油――120cc
- 赤ワインビネガー――200cc
- ローリエ――3枚
- オレガノ――少々

作り方

1. 豚挽肉、ンドゥイヤ、パプリカパウダー、ペコリーノ、オレンジの皮をよく合わせよく練る。
2. ちりめんきゃべつは、3%の塩を入れた湯でボイルする。
3. **1**は**2**で包み、130℃のオーブンで10分焼いた後、170℃のオーブンでさらに5分焼く。
4. フライパンに赤玉ねぎ、オリーブ油、ローリエを入れてよく炒め、赤ワインビネガーを加え、塩、胡椒、オレガノを入れ、味を調える。
5. **3**を皿に盛り付けて**4**をのせ、オリーブ油(分量外)をかける。

◎肉のおつまみ 5

牛タンを、香草類とともに茹でて冷ましただけ。付けるソースで変化が出せる料理です。牛タンを茹でる際は、あまり柔らかくしすぎると繊維が出ますので注意が必要です。茹でた牛タンは、衣を付けて揚げると別の料理にもできます。

材料

- 牛タン——1本
- 牛タンの下処理用（香味野菜・ローリエ・タイム・粒黒胡椒・塩——各適量）
- 黒オリーブ——340g
- ケッパー——50g
- アンチョビ（フィレ）——5枚
- 赤ワインビネガー——100cc
- ディジョンマスタード——15g
- ハチミツ——適量
- 胡椒——適量

作り方

1 牛タンの下処理を行なう。水を張った鍋に下処理用の材料を入れ、牛タンを入れて柔らかくなるまで煮込み、皮をむいて常温で冷ます。
2 フードプロセッサーに胡椒以外の残りの材料を入れて回し、胡椒で味を調える。
3 1を食べよくカットし、2を添える。

牛タンの柔らか煮、オリーブペースト添え

豚足というと、日本では酢味噌で食べる大衆居酒屋メニューですが、イタリアでは年末年始に食べるザンポーネを思い浮かべます。そこでザンポーネをアレンジし、ワインに合うおつまみに仕上げました。豚足は、一度塩漬けにして締めてから塩茹でにして、トマトで煮て味を入れるようにします。

材料

- 豚足——4本
- にんにく（みじん切り）——15g
- 玉ねぎ（みじん切り）——400g
- 人参（みじん切り）——150g
- セロリ（みじん切り）——100g
- オリーブ油——適量
- トマトソース——200cc
- ブロード・ディ・ポッロ——800cc
- ローリエ——1枚
- 塩・胡椒各——適量

作り方

1. 豚足は、全体量の1％の塩をふり、一晩おく。
2. 翌日、**1**は塩を洗い流して一度煮こぼし、よく洗い、半分にカットする。
3. 鍋にオリーブ油を入れて、にんにく、玉ねぎ、人参、セロリをよく炒め、トマトソース、ブロード・ディ・ポッロとローリエを入れ、**2**を加えて柔らかくなるまで煮込む。水分が無くなりそうになったら、ブロードを足し、塩、胡椒で味を調える。

豚足のトマト煮込み

◎肉のおつまみ 5

チッチョリ
（豚の脂の唐揚げ）

豚脂身を使った一品です。ローマなどでは、名物のポルケッタのサービスで出て来ます。どの脂身でも作れますので、ブロックで豚肉を取ったときには、掃除して出た脂身は取っておき、まとまったときに作るようにします。また脂身から出たラードは、野菜を煮るときなどに使えます。

材料　豚の背脂（または脂分）——適量
　　　　塩——適量

作り方
1. 背脂は、小角切りにして鍋に入れ、弱火で炒める。
2. 油が出てきたら、150℃のオーブンでじっくりと焼き上げる。脂がカリッと揚がったら、ポテトマッシャーで油を絞り、取り出して塩をふる。

仔牛レバーのヴェネツィア風

その名の通りヴェネツィアの名物料理で、ソテーしたレバーに、別にソテーして甘みを引き出した玉ねぎをからめるようにして食べるのが特徴です。お店によっては、ザワークラウトを添えたりします。

材料

- 仔牛レバー(牛レバーでもよい) —— 300g
- 玉ねぎ —— 2個
- ポレンタ粉 —— 適量
- 塩・胡椒 —— 各適量
- 小麦粉 —— 適量
- ひまわり油 —— 適量

作り方

1. レバーは水にさらしながら皮をむき、さらに水でさらして血抜きをし、50〜60gにカットしておく。玉ねぎは1cmの厚さに輪切りにしておく。
2. 鍋にひまわり油を熱し、1の玉ねぎに軽く塩をして甘みが出るまでよく炒める。
3. フライパンにひまわり油を熱し、1のレバーに塩・胡椒をしてソテーする。
4. ポレンタ粉は、鍋に水とともに入れて火にかけ、練り上げてバットに流して冷やし固め、4cm×8cmにカットしてグリルする。
5. 皿に3をのせ、2をのせて4を添える。

肉のおつまみ 5

豚の耳や豚足、舌などを組み合わせて作る、いわば豚の煮こごりのことで、ローマの名物料理です。テリーヌ型で作られることが多く、イタリアを代表するテリーヌといってもいいでしょう。豚の持つゼラチン質を活かして固めるこの料理、さっぱり目のソースがよく合い、ワインとの相性も抜群です。

材料

- 豚ホホ肉——4枚
- 豚耳——2個
- 豚舌——2本
- 豚足——2本
- 玉ねぎ(1/2カット)——1個分
- セロリ(乱切り)——1本分
- にんにく——20g
- ローリエ——2枚
- 黒粒胡椒——20粒
- 白ワイン——180cc
- 塩——適量

作り方

1. 豚の各部位は一度茹でこぼしてザルにあけ、流水で洗ったら、ひたひたの水でアクを取りながら柔らかくなるまで煮る。柔らかくなったら、野菜とローリエを入れ、塩を入れて3時間ほど煮る。
2. 肉類を取り出し、熱いうちに皮と骨を外し、大き目にカットする。煮汁は取っておく。
3. テリーヌ型に**2**の肉をしき詰め、煮汁を漉しながらひたひたになるまで入れる。
4. **3**の型は氷水にあてて冷やし、粗熱が取れたら重しをし、冷蔵庫で2時間冷やし固める。

コッパ・ロマーナ

トリッパのオレンジ風味のサラダ

材料

- ハチノス──500g
- 下処理用(香味野菜・水・白ワイン・白ワインビネガー・塩・ローリエ・粒胡椒・タイム──各適量)
- セロリ(せん切り)──3本分
- きゅうり(せん切り)──1本分
- 人参(せん切り)──30g
- オレンジの果肉──4個分
- 白ワインビネガー──100cc
- オレンジ風味のオリーブ油──80cc
- 塩・胡椒──各適量

作り方

1. ハチノスは、水を張った鍋に下処理用の材料とともに入れ、柔らかくなるまで煮込み、取り出して冷ましておく。
2. ボールに、スライスした**1**と、白ワインビネガー、オリーブ油を入れてよく混ぜ、さらに野菜類を入れて合わせる。塩・胡椒で味を調え、常温で10分ほど置く。
3. 皿に盛り付け、オレンジの果肉を飾る。

トリッパ(ハチノス)はトマト煮込みが知られていますが、サラダにも使える食材です。必ず、柔らかく煮込んで臭みを取ってから使います。牛センマイを酢味噌で食べる感覚で、白ワインビネガーを加えた酸味のきいたソースで食べます。

◎肉のおつまみ 5

豚肉のタイムと松の実和え 白ワインビネガー風味

イタリアでは、「豚は神様の贈り物」といわれるほど、無駄なところがない素材。豚耳は、コッパ・ロマーナにも用いられる部位です。柔らかく茹でた豚耳は、ワインビネガーの酸味と松の実でコク・香ばしさで食べます。

材料

豚耳——2枚
下処理用（香味野菜・水・白ワイン・白ワインビネガー・塩・ローリエ・粒胡椒タイム——各適量）
松の実（粗みじん切り）——30g
にんにく（みじん切り）——5g
タイム（葉の部分）——3枝分
ひまわり油——30cc
白ワインビネガー——120cc
E.X.V.オリーブ油——20cc
塩・胡椒——各適量

作り方

1. 豚耳は、水を張った鍋に下処理用の材料と共に入れ、柔らかくなるまで煮込み、取り出して冷まし、スライスしておく。
2. 別鍋にひまわり油と松の実を入れて火にかけ、軽く色付いたらにんにくとタイムを入れ、香りが出たら火から下ろして冷ましておく。
3. ボールに**1**の豚耳と**2**、白ワインビネガー、オリーブ油を入れてよく合わせ、塩・胡椒で味を調える。

4 ハーブ・スパイスで本格派の味わいに

ワインに合う味をつくるコツ

　イタリアをはじめ世界中の多くの国々では、古くからハーブ・スパイス類が料理によく用いられています。鮮度の良い食材が手に入る今日でも、様々なハーブ・スパイス類が用いられているのは、それらの成分が体に良く、食材の持ち味をより高めるという効果があるからです。

　そこで、ハーブ類の使い方を知っておくと、よりワインに合うテイストの料理を作ることができます。

　例えば、イタリアを代表するハーブとして名高いバジリコは、以前からトマトとの相性の良さが強調されることが多いのですが、タコと相性が良いことはあまり知られていません。地中海沿岸の国でよく用いられるローズマリーは、肉を焼く料理、特に直火で焼く料理に使われるハーブです。また、じゃが芋との相性の良さでも知られています。タイムは、加工肉や魚料理、野菜のマリネなどに使われます。セージは豚肉や甲殻類の料理に用いられています。マジョラムは、インパクトを出したいラグーなどに用いられることの多いハーブ。オレガノは、トマトを使った料理や、魚料理に用いられることの多いハーブ、といった具合です。

　ハーブ類を使うときの注意点としては、適量を見極めることです。少ないと使う意味がないのですが、使いすぎると素材の味を壊してしまうからです。細かく切る場合は、切れる包丁を使うのもポイントです。

ワインに合うパンのおつまみ

6

クロスティーニなど、
パンにのせて食べる
おつまみなど。

じゃが芋をのせたフォカッチャ

フォカッチャのバリエーションです。日本では指で穴を開けたシンプルなものが多い中、イタリアではじゃが芋のほか、かぼちゃや玉ねぎなど、色々な食材をのせて焼いたものもたくさん見かけます。具のうま味で、切ってそのまま出してもワインとよく合います。

材料（50cm×28cm大1個）

- 強力粉——1.5kg
- インスタントドライイースト——20g
- 塩——30g
- グラニュー糖——45g
- 牛乳——1200cc
- パンチェッタ（スライス）——50g
- じゃが芋——2個
- サーレ・グロッソ——適量
- E.X.V.オリーブ油——適量
- ローズマリー——適量

作り方

1. 強力粉、インスタントドライイースト、塩、グラニュー糖、牛乳を、よく練り合わせる。生地をひとまとまりにしたら、ボールに入れてラップをし、常温で約1時間発酵させる。
2. パンチェッタは2cm角にカットする。じゃが芋は皮をむいて1cm厚さにスライスし、フライパンで軽く炒めておく。
3. 1の生地は、パンチをして、バットに広げ成形し、常温でさらに30分ほど発酵させる。
4. 発酵した生地は、指先で生地全体に穴を開け、2、サーレ・グロッソをまんべんなくふり、オリーブ油を全体にふりかけ、ローズマリーをちらす。
5. 180℃のオーブンで約30分焼く。

揚げパン

本来は手打ちパスタを作ったときに、残った生地をそのまま揚げて作るパンです。ここでは、食感をよりソフトにするため、イーストも加えました。そのままで香ばしいので、料理に添えたりするほか、塩やチーズをふればワインに合う手軽なおつまみに、砂糖をまぶしたら、おやつにもなります。

材料

- 強力粉——375g
- 薄力粉——250g
- インスタントイースト——5g
- グラニュー糖——20g
- 塩——10g
- 水——350〜380cc
- 揚げ油（ひまわり油）——適量

作り方

1. 揚げ油以外の材料をボールに入れてよく混ぜ合わせる。生地がつるつるになり、耳たぶほどの固さになったら、大きめのボールに移し、ラップをかけて27℃で1時間〜1時間半ほど発酵させる。
2. 発酵した生地はガス抜きをして、約1cm厚さにのばし、20×25cmにカットし、170℃の油で揚げる。
3. 色よく上がったら油をよくきり、塩（分量外）を軽くふる。

タコのトマト煮のクロスティーニ

材料

- タコの足（3cm大カット）——500g
- 玉ねぎ（みじん切り）——100g
- にんにく（みじん切り）——20g
- トマトホール（つぶしたもの）——200g
- オレガノ（乾燥品）——少々
- 白ワイン——90cc
- 塩・胡椒——各適量
- オリーブ油——適量
- バゲット（3cm厚さ）——適量

作り方

1. 平鍋にオリーブオイルを熱して玉ねぎを炒め、透明になったらにんにくを加えて炒める。香りが出たらタコを加えて炒める。
2. 白ワインを加えて煮詰めたら、トマトホールを加え、塩、胡椒をして1時間ほど煮込む。途中で水分がなくなってきたら、少しずつ水を加えながら煮込む。オレガノ、塩、胡椒で味を調え、オリーブ油をかける。
3. 2のタコを細かく切り、トーストしたバゲットにのせる。

タコのトマト煮はパスタなどでんぷん質の食材ともよく合います。そのことを活かして、刻んでパンにのせました。タコのトマト煮にいろいろな作り方があり、86ページでもご紹介したようにもっとシンプルな手法もあります。見た目の華やかさはありませんが、とても美味しい一品です。

パンのおつまみ 6

材料
食パン（5cm×3cm×高さ2cm）——8個
ゴルゴンゾーラ・チーズ（ピカンテ）——120g
干し柿——4個
ひまわり油——適量

作り方
1 180℃に熱したひまわり油で、食パンを揚げる。
2 干し柿を横からハーフにカットして種を取り、ゴルゴンゾーラと共に角切りにして1の上に、柿、チーズの順にのせる。

干し柿とゴルゴンゾーラ・チーズの揚げクロスティーニ

柿は、イタリア語で「Cachi」。日本語と同じ「カキ」と発音します。干し柿はさすがにイタリアにはありませんが、その自然な甘さは、ゴルゴンゾーラの塩けと相性がいいので、組み合わせてクロスティーニにしました。パンはトーストではなく、揚げたものを使ってみました。

モッツァレラ・チーズのクロスティーニ

材料
- モッツァレラ・チーズ——50g
- チャバッタ（1cm厚さ）——3枚
- 無塩バター——10g
- にんにく（みじん切り）——1/2片分
- アンチョビ（フィレ）——1枚
- 生クリーム——90cc
- プチトマト——適量

作り方
1. モッツァレラは、均等な厚さに3等分する。
2. 1はそれぞれのチャバッタにのせ、160℃のオーブンに入れる。チーズがやわらかくなったら取り出す。
3. 鍋にバターとにんにくを入れて弱火にかけ、にんにくがきつね色になったらアンチョビを入れて軽く炒め、生クリームを入れて2/3量になるまで煮詰める。
4. 2に3をかけ、分量外のアンチョビ、プチトマトを添える。

加熱して柔らかくなったモッツァレラ・チーズに、にんにくとアンチョビ風味のクリームソースをかけたクロスティーニです。モッツァレラのコクに、アンチョビの塩けとにんにくの香りがからみ、白ワインとよく合います。

◎パンのおつまみ 6

モルタデッラ・
ソーセージの
クロスティーニ

モルタデッラは、ボローニャ産の大型ソーセージ。これを細かく刻んでチーズや生クリームと合わせたものを、スライスしたモルタデッラをのせたパンにかけます。ソーセージの風味とチーズの塩けで、ワインが進みます。

材料

モルタデッラ・ソーセージ——適量
パルミジャーノ（パウダー）——適量
マスカルポーネ・チーズ——適量
生クリーム——180cc
チャバッタ（スライス）——適量
モルタデッラ・ソーセージ（スライス）
　——適量
塩・胡椒——各適量
プチトマト——適量

作り方

1　モルタデッラ・ソーセージは、フードプロセッサーで細かくし、パルミジャーノ、マスカルポーネ、生クリームと合わせ、塩、胡椒で味を調える。

2　チャバッタはトーストし、上にスライスしたモルタデッラ・ソーセージを折り畳んでのせ、その上に**1**をかける。カットしたプチトマトをのせる。

ベーコンの クロスティーニ、 バルサミコ酢と共に

ベーコンをカリカリに炒め、バルサミコ酢を加えて濃度が出るまで加熱したものをパンにのせました。短時間で簡単にできるのが利点のクロスティーニです。ベーコンから出た油は、捨てずに野菜を炒めるときに使ってください。

材料

ベーコン（スライスを2cm×2cmにしたもの）——100g
バルサミコ酢——約90cc
チャバッタ——適量

作り方

1 チャバッタに、好みの厚さにカットしてトーストしておく。
2 油をしかないテフロンパンにベーコンを入れ、カリカリになるまで炒める。余分な油は別にし、バルサミコ酢を入れてよくからめ、バルサミコ酢に濃度が出たら**1**にのせる。

パンのおつまみ 6

材料

- タラ(フィレ)——400g
- じゃが芋——200g
- 玉ねぎ(スライス)——100g
- エシャロット(スライス)——20g
- 白ワイン(スプマンテでもよい)——適量
- E.X.V.オリーブ油——90cc
- パセリ(みじん切り)——少々
- にんにく(みじん切り)——少々
- 塩・胡椒——各適量
- チャバッタ(ローストしたもの)——適量

作り方

1. じゃが芋は、お湯に3％の塩を入れて皮つきのまま茹で、火が通ったら熱いうちに皮をむき、裏漉ししておく。
2. 鍋に玉ねぎ、エシャロットと白ワインを入れ、約10分ほど煮たらタラを入れ、火が通ったら取り出し、皮と小骨を取り、身をほぐす。
3. **1**と**2**をフードプロセッサーに入れ、オリーブ油を少しずつ加えながら回す。
4. 分量の油が入ったらボールにあけ、パセリとにんにくを加えて合わせる。塩・胡椒で味を調え、グリルしたチャバッタの上にのせる。

カナッペの一種で、イタリアではローマから北は「クロスティーニ」、南の地方は「ブルスケッタ」と呼ばれることが多いようです。ここで使ったタラは、バッカラではなくフィレです。タラはパサつきやすいので、オリーブ油で調整するのがコツです。

タラとじゃが芋のクロスティーニ

硬くなったパンに完熟したトマトを断面にこすりつけて食べる料理をリッチにアレンジしました。トマトの果汁でパンがふやけて柔らかくなったところを食べる料理です。ここでは裏漉ししたトマトと、オレガノを使いました。

トマトのクロスティーニ

材料
トマト（裏漉ししたもの）──適量
チャバッタ──適量
E.X.V.オリーブ油──少々
塩──少々
ドライオレガノ──少々
赤玉ねぎ（厚めのスライス）──少々

作り方
1 チャバッタはトーストしておく。
2 トマトとオリーブ油、塩を合わせ、1の上に染み込ませるようにたっぷりとかけ、オレガノと赤玉ねぎをちらす。

パニーニ

ヴェネツィアなどで見られる立ち飲みワイン酒場のバーカロでは、パンメニューも立派なワインのおつまみ。パンはいろいろなパンで作れますが、ここでは、「牛乳風味のパン」にフィリングをはさんだパニーニを紹介しましょう。フィリングはツナマヨですが、セロリも加えてイタリアの風味に仕上げました。

材料

- 牛乳風味のパン（右記参照）──適量
- ツナ──100g
- マヨネーズソース──50g
- セロリ（みじん切り）──20g
- 塩・胡椒──各適量
- トレヴィス──適量

●牛乳風味のパン

- 強力粉──200g
- インスタントドライイースト──7g
- グラニュー糖──22g
- スキムミルク──45g
- バター──10g
- ぬるま湯──140cc
- 塩──2g

作り方

1. ツナ、マヨネーズ、セロリを合わせ、塩・胡椒で味を調える。
2. スライスしたパンにトレヴィスをのせ、1をのせて挟む。

牛乳風味のパン

1. 材料すべてを混ぜ、よく練り合わせる。ひとまとまりになったらボールに入れてラップをかけ、常温で1時間ほど発酵させる。
2. 発酵した生地は一度パンチを入れ、1玉100gに分割して丸く成形する。常温でさらに30分発酵させる。
3. 上部に包丁で十字に切れ目を入れ、強力粉（分量外）をふり、180℃のオーブンで30分ほど焼く。

トラメジーノ

トラメジーノとはサンドイッチのこと。食パンで、フィリングをはさんだものです。材料に決まりはありません。パンの味によって、全体の味わいが変わります。ここではパン自体がやや重めのため、フィリングにはサラミとスモークサーモンなどの、風味の強いものを使いました

材料

食パン——適量
茹で玉子——適量
サラダ菜——適量
トマト——適量
ホワイトアスパラ（茹でたもの）——適量
サラミ——適量
スモークサーモン——適量

作り方

1. 茹で玉子は5mm厚さに、サラミとサーモンは薄くスライスしておく。トマトとホワイトアスパラもスライスしておく。サラダ菜は手でちぎっておく。
2. 食パンは1cm厚さにスライスし、**1**の材料を好みに応じて食べよく重ねてサンドする。

エスカルゴと白いんげん豆のフレセッラ

フレセッラは、硬くなったパンを再利用する料理で、スープやソースに浸して柔らかくして食べるもの。ここでは硬くなったパンに、エスカルゴと白いんげん豆のソースをかけました。パンはトーストすると香りが高まります。

材料

- 牛乳風味のパン（155ページ参照、1/4カット）——4個分
- 白いんげん豆——120g
- セロリ（小角切り）——80g
- 人参（小角切り）——80g
- 玉ねぎ（小角切り）——150g
- にんにく（みじん切り）——1片分
- オレガノ——10g
- バジリコ——10g
- ローズマリー——1/2枝
- エスカルゴ（水煮）——16個
- タカノツメ——少々
- E.X.V.オリーブ油——適量
- 塩・胡椒——各適量
- ブロード・ディ・ポッロ——適量

作り方

1. 白いんげん豆は、前日にたっぷりの熱湯を注いで浸けておく。翌日、一度水洗いをして水けをきり、水を張った鍋にいれ、ローズマリーとオリーブ油を入れて柔らかくなるまで煮ておく。煮汁は取っておく。
2. 別鍋にオリーブ油を熱し、にんにく、タカノツメ、玉ねぎ、人参、セロリを入れてよく炒めたら、1のいんげん豆、エスカルゴと、1の茹で汁、ブロードを入れ、10～15分煮る。途中で水分が無くなってきたら、ブロードを足しながら煮る。
3. オレガノとバジリコを手でちぎって入れ、さらに軽く煮て、塩・胡椒で味を調える。
4. パンの上に3をのせ、さらにオリーブ油をかける。

鶏の低温調理ハムのクロスティーニ

材料

- 鶏ムネ肉——400g
- 塩——g
- 砂糖——4.8g
- オリーブ油——10cc
- 炭酸水——適量
- オレンジマーマレード——60g
- 粒マスタード——20g
- オリーブ油——適量
- バゲット(1.5mm厚さ)——適量

作り方

1. 鶏ムネ肉は炭酸水で表面を洗い、真空の袋に入れ、塩、砂糖、オリーブ油を加え、真空機で袋をとじ、63℃のスチームコンベクションオーブンで2時間30分入れる。加熱後、取り出して氷水で袋ごと冷やす。
2. 1が完全に冷えたら鶏肉を取り出し、高温のフライパンで表面に焼き目を付け、オーブンで温める。
3. オレンジマーマレード、粒マスタード、オリーブ油をボールで合わせ、ソースとする。
4. バゲットはオーブンで表面を焼き、2をスライスしてのせ、3をかける。

加熱するとパサつきやすい鶏肉も、低温で火を入れるとハムのような、しっとりとした食感になることを活かし、スライスしてクロスティーニにしました。ソースは粒マスタードとオレンジのマルメラータ。このソースはチーズ系によく合いますので、マスカルポーネを入れても美味しいおつまみになります。

業務用冷凍食品

イタリアの野菜を**大きく**カット
農園風イタリアンミックス（ごろごろカット）
野菜たっぷりメニューにぴったり

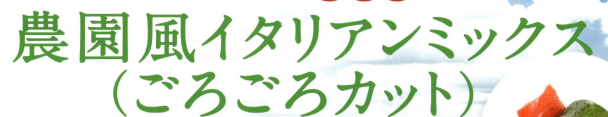

ごろごろ野菜とモッツァレラのサラダ

New / 1kg / ごろごろカット

ごろごろ野菜と魚介のフジッリ

メニューに合わせて選べる 野菜の種類・カットサイズ バリエーション

		ズッキーニ	黄ズッキーニ	ナス	赤ピーマン	黄ピーマン	にんじん	玉ねぎ
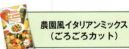	農園風イタリアンミックス（ごろごろカット）	存在感ある「ごろごろカット」のグリル野菜のミックスです。野菜が主役のメニューや野菜たっぷりのメニューに最適。	銀杏カット(大)グリル	銀杏カット(大)グリル		短冊(大)グリル			
	菜園風グリル野菜のミックス	グリル野菜の美味しさ・彩りをさまざまなメニューに、さまざまな形でプラスできる汎用ミックス。	銀杏カットグリル		ダイスグリル	短冊グリル	短冊グリル		
	彩り野菜ミックス	弱グリル野菜の彩りの良さと小さいカットサイズは、さまざまなメニューのトッピングやソースの具材などに最適。	小ダイス弱グリル			小ダイス弱グリル	小ダイス弱グリル	小ダイス弱グリル	小ダイス弱グリル

イタリア産 野菜の濃厚な味わいと彩り

ノンオイルでグリルされた香ばしい風味 凝縮された甘味、旨み

グリル済みなので、ソースとなじみやすい

カット・グリル済で「時短調理」、必要な量だけ使えて「ロスがない」

カゴメ株式会社　〒103-8461　東京都中央区日本橋浜町3丁目21番1号　日本橋浜町Fタワー　TEL：03-5623-8501（代表）

●業務用ホームページ　カゴメ フードサービス　検索

今井　寿（いまい　ひさし）
浅草ビューホテル「リストランテ・ラ・ベリタ」に入社後、坂井宏行氏のイタリア料理店「リストランテ・ドンタリアン」でシェフに就任、「イル・ピッチョーネ」「オステリア・ラ・ピリカ」総料理長などを経て、2013年に独立し、『タヴェルナ・アイ』を開業。2016年には2号店も開業。アルトゥージ司厨士協会日本支部副会長、イタリアプロフェッショナル協会認定マエストーロ。

『タヴェルナ・アイ本店』
住所=東京都文京区関口3-18-4
TEL=03-6912-0780
HP=http://www.taverna-i.com
営業時間=11:30～14:00L.O.、17:30～21:30L.O.（土曜日・日曜日・祝日は12:00～21:30L.O.）
定休日=火曜日（祝日の場合は翌日に振り替え）

人気タヴェルナが教える
ワインに合う旨いおつまみ

発行日　平成29年3月24日初版発行

著　者　今井　寿（いまい　ひさし）
発行者　早嶋　茂
制作者　永瀬　正人
発行所　株式会社旭屋出版
　　　　〒107-0052
　　　　東京都港区赤坂1-7-19　キャピタル赤坂ビル8階
　　　　郵便振替　00150-1-19572
　　　　販売部　　TEL 03(3560)9065　　FAX 03(3560)9071
　　　　編集部　　TEL 03(3560)9066　　FAX 03(3560)9073

旭屋出版ホームページ　http://www.asahiya-jp.com

デザイン　　VAriant design
印刷・製本　㈱シナノ パブリッシング プレス

※許可なく転載、複写ならびにweb上での使用を禁じます。
※落丁、乱丁本はお取替えします。
※定価はカバーにあります。

©Hisashi Imai & Asahiya Shuppan,2017
ISBN978-4-7511-1267-0　C2077
Printed in Japan